AF558172

Inge Patsch

Mich in meinem Leben finden

Inge Patsch

MICH IN MEINEM LEBEN FINDEN

Ein Wegweiser mit Impulsen von Viktor E. Frankl und Ignatius von Loyola

Tyrolia-Verlag · Innsbruck-Wien

Mitglied der Verlagsgruppe „engagement"

Umschlaggestaltung: Roberto Baldissera, Agentur für Grafik, Innsbruck
Layout und digitale Gestaltung: Tyrolia-Verlag
Bildnachweis S. 97, 98, 139: Albrecht Klink, Berlin
www.albrecht-klink.de
ISBN 978-3-7022-3747-9 (gedrucktes Buch)
ISBN 978-3-7022-3748-6 (E-Book)
E-Mail: buchverlag@tyrolia.at
Internet: www.tyrolia-verlag.at

Inhalt

Vorwort

Wegweiser dienen unserer Orientierung.
Wegweiser stehen uns zur Verfügung,
ohne sich aufzudrängen.
Wegweiser laufen uns nicht nach.
Wegweiser sind nicht ungehalten,
wenn wir sie nicht beachten.

Dieses Buch möchte als Wegweiser dienen und teilt Erfahrungen mit, die aufgrund der wegweisenden Gedanken von Viktor E. Frankl und Ignatius von Loyola entstanden sind. Sowohl für die Logotherapie als auch für die ignatianische Spiritualität gilt, dass mein Zugang kein wissenschaftlicher ist, sondern ein alltäglicher und praxisnaher. Bei dieser Begegnung geht es nicht um ein theoretisches Geschichtswissen, sondern um ein persönliches Berührtwerden.

Wir leben in einer Zeit, in der es für fast alle Lebenslagen Anweisungen gibt, und die „Apps" vermehren sich rasend schnell. Die ständigen Kontrollfunktionen versprechen Erleichterung, doch gleichen sie eher einer Fremdbestimmung und stören unsere besonderen menschlichen Fähigkeiten wie Wahrnehmungsfähigkeit und Mitgefühl.

Aus eigener Erfahrung weiß ich, dass ich aus den Lebensgeschichten von Menschen mehr gelernt habe als durch das exakte Befolgen diverser Lebensregeln. In diesem Buch werden Sie einige persönliche Geschichten von mir entdecken und vielleicht können Sie Ähnliches erfahren. Ich möchte Sie ermutigen, zu Ihrer Einmaligkeit durchzudringen und zu sich selbst und zu Ihrem Leben immer mehr Ja sagen zu können. Egal, wie unterschiedlich Herkunft, Veranlagungen sowie Charakter und Möglichkeiten von Bildung sein mögen: Das Einzige, was Ihnen niemand nehmen kann, ist, wie Sie Ihr Leben gestalten. Ganz im Erkennen dessen, dass wir selbst Baumeister unseres Lebens sind und aus den vorgefundenen Bausteinen ein gelungenes Werk schaffen.

Am Anfang ist ein Mangel

Am Anfang ist ein Mangel
ein Missverständnis
eine Meinungsverschiedenheit
und der Mangel hat einen Grund
einen guten Grund
die Sehnsucht nach Gemeinschaft
den Wunsch nach Gemeinsamkeit
das Verlangen Interessen zu teilen

Dann kommen Ratgeber und Gleichmacher
und Oberflächenfrager und Ruhestifter
was bleibt ist die Unruhe im Inneren
weil die Oberflächenfrager keine Fragen stellen
sie verteilen Besserwisserei und Rezepte
und die Ruhestifter wollen den Mangel vertreiben
doch der bleibt

Wir brauchen Schrittmacher
die uns ernst nehmen
wir brauchen Schrittmacher
die nicht verlangen
dass wir in ihre Fußstapfen treten
wir brauchen Schrittmacher
die uns mit Sinnvollem inspirieren
wir brauchen Schrittmacher
die uns ermutigen eigene Schritte zu gehen
auch wenn wir eine andere Richtung einschlagen

Am Anfang weist der Mangel auf etwas hin
wir können das Fehlende nicht benennen
uns fehlen Worte für das was fehlt
trotzdem öffnet dieser Mangel die Tür
zur Tiefe des Lebendigen
dort können Glücksmomente empfunden und erlebt werden
nur festhalten kann ich sie nicht

Von der Sehnsucht nach Geborgenheit und dem Dilemma des Vergleichens

Es hat sehr viel mit dem Empfinden von Geborgenheit zu tun, um mich in meinem Leben zu finden. Geborgenheit ist unmittelbar mit Lebensgewissheit verbunden. Diese wirkt unabhängig von Leistung, gilt auch losgelöst von Besitz und Macht. Lebensgewissheit und Geborgenheit können in dem Maße wachsen und gedeihen, in dem sich ein Mensch auf das Leben einlässt und sich berühren lässt. Sich auf das Leben einzulassen hat viel mit der persönlichen Sichtweise und den eigenen Vorstellungen zu tun, wie Leben zu sein hat.

Es gibt viele unterschiedliche Haltungen dem Leben gegenüber. Ich greife zwei heraus: Auf der einen Seite gibt es das Streben nach Sicherheit, aber es gilt sich auch mit der Tatsache anzufreunden, dass es keine Sicherheit gibt. Das Risiko mangelnder Sicherheit sollten wir bedenken und auch bejahen. Wir sind wie Akrobaten, die ohne Netz arbeiten. Viele Male fängt uns das Leben auf und irgendwann der Tod. Wer eine leise Ahnung hat von diesem Phänomen der Geborgenheit, erlebt immer wieder diese Gewissheit, innen heil zu bleiben, auch wenn es äußere Verletzungen gibt und die Bedingungen nicht ideal sind. Die Geborgenheit wohnt im Land der inneren Gewissheit. Leider gibt es keine Reisebeschreibung, wie man dorthin gelangt, aber es gibt Gedanken von Menschen, die zum Nachdenken anregen.

Etty Hillesum schrieb in ihren Tagebuchaufzeichnungen: „Ich gehe niemals und nirgendwo zugrunde. Ich werde immer eine Stunde für mich finden. Ich bleibe mir selbst ganz treu und werde weder resignieren noch mich zermürben lassen. Ich würde die Arbeit nicht durchhalten können, wenn ich nicht jeden Tag aus der großen Ruhe und Gelassenheit in mir Kraft schöpfen könnte."[1]

Der Dirigent Nikolaus Harnoncourt hat mit seiner Art, in die Welt der Musik einzutauchen, Menschen begeistert. Er ist der Musik ein Leben lang treu geblieben und dadurch sich selbst. Auf die Frage, ob er etwas hat, das er dem Negativen entgegensetzen könnte, sagte er: „Eine unbegründete Hoffnung. Ich verstehe es selbst nicht. Ich sehe, wie das Schiff, in dem wir alle sitzen, in den Abgrund fährt, und ich habe die unbegründete Hoffnung, dass nichts passiert."[2]

Es hängt von der jeweiligen Lebenssituation ab, ob sich ein Mensch berühren und inspirieren lässt, und von seiner Bereitschaft, Interesse und Lernfreude zu entfalten. Wir werden inspiriert, doch was dann folgen muss, ist Offenheit, persönliches Interesse und ein bewusstes Wahrnehmen. Wie wir äußere Eindrücke wahrnehmen und eigene Gedanken dazu entfalten, dafür sind wir selbst zuständig. Dem Verlauf der persönlichen Gedankenwelt auf die Spur zu kommen, macht uns empfindsam, stärkt unsere Eigenständigkeit und unsere Tatkraft. Denken allein überzeugt niemanden, nicht einmal uns selbst, und deshalb müssen wir vor allem Taten setzen, in denen man Sinn verwirklicht.

Trotzdem können Gedanken unsere Taten beflügeln oder lahm legen. Deshalb ist es sinnvoll, sich bewusst zu machen,

---

1 Etty Hillesum, Das denkende Herz. Die Tagebücher von Etty Hillesum 1941–1943, übersetzt von Maria Csollány, herausgegeben von J. G. Gaarlandt, Reinbek bei Hamburg 1995, 157.

2 Nikolaus Harnoncourt, „... es ging immer um Musik". Eine Rückschau in Gesprächen, St. Pölten 2014, 122.

welche Gedanken das Empfinden von Geborgenheit erschweren oder sogar verhindern:

- Das Leben als Wettbewerb sehen und siegen wollen
- Das Vergleichen mit anderen
- Der Anspruch, immer noch besser sein zu wollen
- Akribisch genaue Planung, ohne auf die Realität zu achten
- Schuldgefühle pflegen, die nichts mit tatsächlicher Schuld zu tun haben
- Ständige Bewertungen, Kommentare und Empörungen

Es gibt aber auch Gedanken, welche dieses Empfinden stärken:

- Sich begeistern und bestimmten Werten treu bleiben
- Mut zum Wagnis
- Dankbar sein für Gelegenheiten, die das Leben bietet
- Auf das Gelungene im eigenen Leben schauen

Mein Anliegen ist es, Menschen mit Gedanken zu inspirieren, die nicht alltäglich sind, doch sehr wohl unseren Alltag betreffen. Aus diesem Grund erzähle ich einige Geschichten, die ich persönlich erlebt habe. Dieses Erleben hat wenig zu tun mit dem, wie „es" sein soll. Die „So-sollte-es-sein-Gedanken" entsprechen unseren Vorstellungen, unseren Plänen und dem, was momentan in der Gesellschaft Gültigkeit hat. Das Leben aber fragt uns oft etwas völlig anderes.

Geschichte zur Inspiration

Als vom Tyrolia-Verlag die Anregung zu einem weiteren Buch kam, war ich erfreut und augenblicklich fiel mir ein, worüber ich schreiben wollte. Länger als die Logotherapie begleitet mich die Spiritualität des Ignatius von Loyola. Als ich die Ähnlichkeiten im Denken von Viktor E. Frankl und Ignatius von Loyola entdeckte, wollte ich diese Erfahrung mit anderen Menschen teilen. In der Zeit des Schreibens schenkte mir jemand das Buch „Die Kunst, sich selbst zu verstehen" von Michael Bordt SJ. Je mehr ich in dieses Buch eintauchte, umso überzeugter wurde ich, dass es nicht sinnvoll sei, noch ein Buch zu diesem Thema zu schreiben. Ich war im Vergleichen gelandet, fand die Formulierungen von Michael Bordt genial und meine mehr als bescheiden. Ich informierte meine Lektorin und dachte, dass sich das geplante Buch nun erübrigen würde. Wir hatten ein gutes Gespräch und sie las mir aus dem Buch von Michael Bordt vor. „Dieses Buch ist streckenweise ein einziges Plagiat, und ich freue mich über jeden, der sich auf die Spurensuche bzw. Entdeckungsreise zu den Quellen begeben möchte."[3] Bis zu dieser Textstelle war ich noch nicht vorgedrungen gewesen. Erst jetzt verstand ich, wie bereichernd dieses Buch für mich war: Ich kann zu meiner Schreibweise und meinem Bemühen mutig Ja sagen.

Innere Spurensuche

- Was löst das soeben Gelesene in mir aus?
- Kenne ich Situationen, in denen ich mich mit anderen vergleiche?
- Beflügelt oder behindert mich dieses Vergleichen?

3 Michael Bordt, Die Kunst, sich selbst zu verstehen. Den Weg ins eigene Leben finden. Ein philosophisches Plädoyer, München 2016, 191.

Viktor E. Frankl und Ignatius von Loyola als Wegweiser

Wer sich mit einem Anderen vergleicht, tut entweder diesem Anderen oder sich selbst Unrecht.[4]

Ich setze voraus, dass es dreierlei Gedanken in mir gibt, nämlich einmal die mir eigenen, die allein aus meiner Freiheit und Willenskraft entspringen, und dann die beiden anderen, die von außen kommen: der eine, der vom guten Geist kommt, und der andere vom bösen.[5]

Bilder bzw. Symbole leisten einen wertvollen Beitrag für unsere Wahrnehmung und schärfen unsere Sichtweise. Deshalb verwende ich für die Gedanken von Viktor E. Frankl das Symbol der Brille. Sie hilft uns, klarer zu sehen, und dient als Kennzeichen für Frankl, der nicht nur die Logotherapie und Existenzanalyse begründet, sondern auch Brillen entworfen hat.
IHS – die ersten drei Buchstaben des griechischen Namens für Jesus –, werden bei den Jesuiten als Kurzform für *Iesum Habemus Socium* („Wir haben Jesus als Gefährten") gedeutet. Ich verwende dieses Symbol für die Texte von Ignatius.

Das Vergleichen verführt mich entweder zur Überheblichkeit oder bringt mich in die Verzweiflung. Wenn ich mich bemühe, mein Bestes zu geben, kann ich aufs Vergleichen verzichten. Finde ich mich und das, was mir möglich ist, bin ich weder von der Zustimmung anderer abhängig noch von ihrer Ablehnung. Die große Herausforderung besteht darin, mich und mein Leben nicht ständig mit anderen zu vergleichen.

---

4 Viktor E. Frankl, Ärztliche Seelsorge. Grundlagen der Logotherapie und Existenzanalyse, München 1987, 189.

5 Ignatius von Loyola, Geistliche Übungen. Übertragung und Erklärung von Adolf Haas, Freiburg i. Br. 1966, 29.

Ignatius von Loyola und Viktor E. Frankl – ein Dialog im Jenseits

Zwischen Ignatius von Loyola und Viktor E. Frankl liegen vierhundert Jahre und mich inspiriert das Zeitlose. Die Aktualität ihres jeweiligen Gedankengutes ist verblüffend und mich fasziniert die nüchterne Leidenschaft zum Leben, die bei beiden spürbar wird. Die ignatianische Spiritualität entdeckte ich, als ich auf der Suche nach der tieferen Bedeutung meines Lebens gewesen bin. Bald darauf zog mich die Logotherapie und Existenzanalyse von Viktor E. Frankl in ihren Bann. Während ich in die logotherapeutische Gedankenwelt eintauchte, fielen mir immer wieder Sätze ein, die ich bereits bei Ignatius gelesen hatte. Z. B. lese ich bei Viktor E. Frankl: „Das Gefühl kann viel feinfühliger sein als der Verstand scharfsinnig." Spontan fällt mir dazu die Aussage von Ignatius ein: „Nicht das Vielwissen sättigt die Seele und gibt ihr Befriedigung, sondern das innere Schauen und Verkosten der Dinge."

Mein wesentliches Anliegen ist, nicht über ein anderes Gedankengut zu schreiben, sondern von seiner Resonanz und Wirkkraft in mir zu erzählen. In mir begegnen sich Ignatius von Loyola und Viktor E. Frankl schon lange und immer wieder. So kam mir die Idee von einer Annäherung der beiden im Jenseits und ich ließ sie miteinander ins Gespräch kommen.

Ignatius: Ich muss sagen, ich bin überrascht, dass fünfhundert Jahre nach meinem Tod noch jemand an mich und meine Schriften denkt. Es gab in dieser langen Zeit eine große Fülle von Philosophen und Theologen und einige haben außerordentlich viel zur seelischen Heilung der Menschen beigetragen.

Frankl: Verzeihen Sie, dass ich Sie unterbreche, doch mir geht es ähnlich. Obwohl ich vor etwas mehr als zwanzig Jahren verstorben bin, interessieren sich die Menschen noch immer für meine Sinnlehre. Allerdings wundert es mich nicht, dass man Sie nicht vergessen hat. Ihre Schriften sind zeitlos – so wie auch seit ewigen Zeiten die Menschen auf der Suche nach Gott sind. Sie haben die Gesellschaft Jesu gegründet und diese wird wohl die nächsten fünfhundert Jahre überdauern. Bereits zu meiner Zeit faszinierte mich Ihr Gedanke, dass nicht das viele Wissen die Seele befriedigt und sättigt, sondern das innere Schauen und Verkosten der Dinge.

Ignatius: Da gibt es wohl so etwas wie einen Gleichklang unserer Seelen. Mir fiel diese Ähnlichkeit auf, als ich in der Bibliothek des Universums Ihr Buch „Der unbewusste Gott" gefunden habe. Von Ihnen stammt ja diese wunderbare Formulierung, dass das Gewissen ein Sinnorgan ist und dass es nicht nur darum geht, Wissen zu vermitteln, sondern das Gewissen zu verfeinern. Das ist eine schwierige Aufgabe und war schon im Mittelalter alles andere als einfach. Vor allem jene Menschen, die an der Macht waren, haben ihr Gewissen nicht verfeinert, sondern viel Unheil angerichtet.

Frankl: Gab es eigentlich eine Zeit, in der Machthaber kein Unheil angerichtet haben? Wie Sie wissen, habe ich die Schreckenszeit des Holocaust im 20. Jahrhundert erlebt und erlitten. Es grenzt ohnehin an ein Wunder, dass ich überlebt habe und nach meiner Befreiung aus dem Konzentrationslager ein halbes Jahrhundert in einem friedlichen Österreich leben und die ganze Welt bereisen konnte.

Ignatius: Ist es nicht so, dass Menschen Suchende sind? Ziemlich sicher verirren sich manche auf dieser Suche. Bei mir war das ähnlich. Nach einem Leben, das ausschließlich auf weltlichen Erfolg ausgerichtet war, bin ich mit Schriften in Berührung gekommen, die mein Denken verändert haben. Mein Lebensweg war entscheidend für das Entdecken und Entwickeln der Geistlichen Übungen. Wie haben Sie eigentlich Ihre Sinnlehre entdeckt?

Frankl: Erklären kann ich das gar nicht so genau, aber ich habe mich bereits in meiner Schulzeit mit dem Thema Sinn beschäftigt. Als mein Physikprofessor sagte, das Leben sei nichts als ein Oxydationsprozess, habe ich ihn gefragt, welchen Sinn dann das Leben habe. Würde ich es etwas übertrieben formulieren, war dieser Moment die Geburtsstunde der Logotherapie.

Was mich interessieren würde: In Ihren Schriften kommt immer wieder die Formulierung von der „Unterscheidung der Geister“ vor. Was meinen Sie damit und was führt Sie dazu?

Ignatius: Als ich aufgrund einer Beinverletzung längere Zeit liegen musste, staunte ich ziemlich über deutliche Unterschiede in meinem seelischen Empfinden. Beim Lesen von Rittergeschichten – heute würde man sie wohl als Krimis bezeichnen – spürte ich Langweile und Unzufriedenheit, außerdem wurde mir klar, dass mich diese Lektüre nicht bereichert, sondern nur ablenkt. Als ich dann begann, Geschichten von Heiligen zu lesen, belebten mich diese Gedanken und ich erlebte trotz meiner körperlichen Einschränkung

TYROLIA www.tyrolia-verlag.at

Lebensorientierung

Hubert Gaisbauer

Schonungslos zärtlich

Menschen I Bilder I Gedanken

In diesem Sammelband des renommierten Radiomanns Hubert Gaisbauer stehen Persönlichkeiten aus Geschichte und Gegenwart ebenso im Fokus wie biblische Figuren; „schonungslos zärtlich" begibt er sich auf die Suche nach dem zutiefst Menschlichen, nach der innewohnenden Würde.

12 farb. und 6 sw. Abb., geb. m. SU u. Lesebändchen
ISBN 978-3-7022-3735-6
256 Seiten, € 24.95

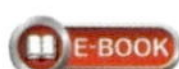

Clemens Sedmak

Das Land, in dem die Wörter wohnen

Im Stil eines Märchens greift der Philosoph Clemens Sedmak die aktuelle Debatte um Fake News auf und liefert ein eindringliches Plädoyer für den sorgsamen Umgang mit Wörtern und Botschaften, für das Ringen nach Wahrheit – und auch für Zeiten der Stille.

geb. m. SU u. Lesebändchen
ISBN 978-3-7022-3743-1
136 Seiten, € 17.95

„Statt oberflächlicher Leichtigkeit ermutigt der Philosoph zu wahrer Lebensfreude und zur Freundschaft mit sich selbst.“

ORF Ö1

CLEMENS SEDMAK

ANS HERZ GELEGT

Die vielen Sprachen der Liebe

TYROLIA

Clemens Sedmak
Ans Herz gelegt
Die vielen Sprachen der Liebe

In Form von persönlich adressierten Briefen geht Clemens Sedmak der Liebe nach. Jeder Brief hat seine eigene Botschaft und seine eigene Geschichte. Das Persönliche ist mit Einsichten über die Liebe verbunden, zeigt Konturen gelebter Liebe auf. So formen sich Antworten auf die Frage: Was heißt es, einen Menschen zu lieben?

gebunden
ISBN 978-3-7022-3550-5
176 Seiten, € 14.95

Clemens Sedmak
Das Gute leben
Von der Freundschaft mit sich selbst

Was sind unverzichtbare Bausteine für ein gutes Leben? Dieses Buch zeigt Wege auf für die Entwicklung von menschlicher Reife und für persönliches Wachstum. Es geht der Frage nach: Wie kann ich gut mit mir selbst auskommen? und zeichnet Konturen der Freundschaft mit sich selbst.

gebunden
ISBN 978-3-7022-3468-3
128 Seiten, € 14.95

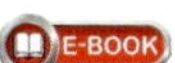

Alois Kothgasser / Clemens Sedmak

Quellen des Glücks

Von der Kunst des guten Lebens

Glück kann man nicht erzeugen oder erwerben. Es stellt sich ein und hat vor allem mit der Kunst zu tun, in kleinen Dingen Großes zu sehen. Dieses Buch zeigt, wie man sich auf das Wesentliche besinnen und freier werden kann.

Broschur
ISBN 978-3-8367-0846-3
135 Seiten, € 10.30

Alois Kothgasser / Clemens Sedmak

Geben und Vergeben

Von der Kunst neu zu beginnen

In 15 lebensnahen Impulstexten zeigen Erzbischof Alois Kothgasser und Clemens Sedmak, wie schmerzende Brüche zu heilsamen Durchbrüchen werden können und wie die Gabe der Vergebung neue Anfänge möglich macht.

Broschur
ISBN 978-3-8367-0892-0
128 Seiten, € 10.30

Alois Kothgasser / Clemens Sedmak

Jedem Abschied wohnt ein Zauber inne

Von der Kunst des Loslassens

Das Abschiednehmen und Loslassen ist ein wichtiger Teil unseres Lebens. Anstatt krampfhaft an Vergangenem festzuhalten können wir entdecken, dass Abschiednehmen immer auch ein neues Aufbrechen ist.

Broschur
ISBN 978-3-8367-1022-0
152 Seiten, € 12.40

Elmar Simma
Dem Leben zulächeln
Von der Kunst, den Tag zu loben

Der beliebte Seelsorger und Autor aus Vorarlberg macht bewusst, wie viele erfreuliche, schöne und ermutigende Dinge es im Alltag gibt. Mit konkreten Impulsen, um das Leben mit Freude, einer positiven Lebenseinstellung und Zuversicht zu bereichern.

zweifärbig, geb.
ISBN 978-3-7022-3587-1
152 Seiten, € 14.95

Elmar Simma
In den Nebel hinein
Worte der Hoffnung für trübe Tage

Zu unserem Leben gehören die sonnigen Zeiten, aber auch die nebelverhangenen Tage, die traurigen Abschnitte oder dunklen Erlebnisse. Ermutigende Gedanken des bekannten Seelsorgers aus Vorarlberg, damit sich der Durchblick wieder einstellt.

zweifärbig, geb.
ISBN 978-3-7022-3718-9
176 Seiten, € 14.95

Erscheint im März 2019

Bernhard A. Eckerstorfer
Kleine Schule des Loslassens
Mit den Weisheiten der Wüstenväter durch den Tag

Die überlieferten Weisheiten der Wüstenmönche faszinieren bis heute. Die frühchristlichen Männer und Frauen überzeugten mehr durch das Vorleben als durch große Reden. Der Auszug in die Wüste entsprach ihrer Sehnsucht, Materielles loszulassen. Dieses Verlangen nach dem Wesentlichen teilen sie mit den Menschen der heutigen Zeit.

zweifärbig, geb.
ISBN 978-3-7022-3737-0
136 Seiten, € 14.95

Inge Patsch
Mich in meinem Leben finden
Ein Wegweiser mit Impulsen von Viktor E. Frankl und Ignatius von Loyola

Die Sinnlehre von Viktor E. Frankl und die Spiritualität von Ignatius bieten eine verlässliche Möglichkeit, das Leben zu bereichern. Dieses Buch regt nicht nur das eigene Denken an, sondern berührt das Herz und stärkt die seelische Widerstandskraft. Ein Wegweiser zu sich selbst, der Begeisterung und Freundschaft für das Leben weckt.

geb. m. SU
ISBN 978-3-7022-3747-9
ca. 160 Seiten, ca. € 17.95

Inge Patsch

Vertrau auf dein Gefühl und lebe mutig

Die wesentlichen Entscheidungen in unserem Leben treffen wir intuitiv. Oft entdecken wir erst im Rückblick, dass uns endloses Abwägen des Für und Wider nicht weiterbracht hat.
Inge Patsch ermutigt uns in kurzen, lebensnahen Impulstexten, auf unseren inneren Kompass zu vertrauen und mutig Lebensentscheidungen zu treffen.

Broschur
ISBN 978-3-8367-1017-6
96 Seiten, € 10.30

Inge Patsch

Die Logik des Herzens

Vertrauen in das Leben gewinnen

Inspiriert von Viktor E. Frankl, dem Begründer der Logotherapie und Existenzanalyse, bietet Inge Patsch mit diesem Buch „Seelennahrung" und „Verstandesfutter". Damit verhilft sie der Logik des Herzens zum Durchbruch, die Hoffnung und Begeisterung kennt, und ermutigt zum Mitfreuen und Mitfühlen ebenso wie zum Widersprechen aus Verantwortung.

Broschur
ISBN 978-3-8367-0893-7
120 Seiten, € 10.30

Inge Patsch / Sebastian J. Schmidt

Mehr als glücklich

Den Sinn des Lebens entdecken mit Viktor E. Frankl

Die Sehnsucht des modernen Menschen nach wirkungsvollen Strategien zur Gestaltung eines glücklichen Lebens ist groß. In diesem Buch werden die Grundgedanken Viktor E. Frankls mit den Erfahrungen der modernen Wissenschaft verbunden und neu interpretiert für unsere Zeit.

Broschur
ISBN 978-3-8367-1040-4
160 Seiten, € 12.40

Martin Dürnberger (Hg.)

Öffentlichkeiten

Salzburger Hochschulwochen

Im Jahr 2017 widmeten sich die Salzburger Hochschulwochen dem Thema mediale und nicht-mediale Öffentlichkeiten. Diese Öffentlichkeiten sind in vielfältigen Transformationen begriffen: Die Grenze zwischen öffentlich und privat verschwimmt in den Zeiten von social media in neuer Weise. Was das für unsere Verständigung bedeutet, erläutert dieses Buch. Mit Beiträgen von Klaus Birnbäumer, Markus Gabriel, John-Dylan Haynes, Kristina Stoeckl u.a.

10 sw. Abb und 6 sw. Zeichnungen, Broschur
ISBN 978-3-7022-3653-3
268 Seiten, € 21.00

Martin Dürnberger (Hg.)

Angst?

Salzburger Hochschulwochen

Die Salzburger Hochschulwochen 2018 konfrontieren sich furchtlos mit der Frage, wie sich Angst auf redliche Art und Weise denkerisch adressieren lässt. Und sie fragen dabei immer auch: Wo finden wir Ressourcen für Mut, Zuversicht und das Vertrauen in Neuaufbrüche? Und die Religion? „Fürchtet euch nicht!“ ist eine religiöse Grundformel, auch im Christentum. Das mag die bleibende Präsenz von Religionen in der Gegenwart erklären. Wie aber kann man sichern, dass Glaube eigene Ängste nicht bloß zudeckt?

Broschur
ISBN 978-3-7022-3723-3
176 Seiten, € 21.00

Angelika Walser

In deiner Nähe geht es mir gut

Warum Freundschaften lebensnotwendig sind

Schon die antike Moralphilosophie wusste: Freundschaft ist einer der wichtigsten Glücksfaktoren im Leben. Doch was macht eine echte Freundschaft aus? Was unterscheidet sie von anderen Beziehungen? Ein Plädoyer für die Lebensnotwendigkeit von Freundschaft.

geb. m. SU
ISBN 978-3-7022-3585-7
128 Seiten, € 14.95

Martin M. Lintner

Der Mensch und das liebe Vieh

Ethische Fragen im Umgang mit Tieren

Der Umgang mit Tieren ist zutiefst ambivalent. Manche werden gehätschelt, andere unter tierquälerischen Bedingungen gehalten. Dieser Band zeigt auf, wie ein ethisch vertretbarer Lebens- und Konsumstil gestaltet werden kann.

Broschur
ISBN 978-3-7022-3634-2
296 Seiten, € 21.95

Richard Rohr (Hg.)

Vater, Sohn und Männlichkeit

Wie der Mann zum Mann wird

Das Problem der Männer ist heute nicht ein Zuviel an Männlichkeit, sondern der Mangel an reifer Männlichkeit. Deren Pflege und Weitergabe ist daher eine zentrale Herausforderung an alle Männer. Richard Rohr und andere bekannte Autoren geben für diese Weitergabe von Männlichkeit wertvolle Impulse aus zeitdiagnostischer, politischer, familiendynamischer und mythologischer Perspektive.

Broschur
ISBN 978-3-8367-0661-2
126 Seiten, € 10.30

Markus Hofer

Franziskus für Männer

Was uns der Mann aus Assisi zu sagen hat

Was hat Franziskus mit männlicher Spiritualität zu tun? Dieser Band geht den Tiefendimensionen von Mannsein nach. Dazu gehört einerseits das Faszinierende und Abenteuerliche des Lebens und des Glaubens, andererseits auch das Erschreckende und Unheimliche. Ein Buch für Männer, die sich selber besser verstehen wollen.

Broschur
ISBN 978-3-8367-0861-6
128 Seiten, € 10.30

Ein stilvolles Geschenk für ältere Menschen

Markus Hofer

Die zweite Halbzeit entscheidet

Strategien für Männer ab 40

Die Lebensmitte ist für Männer eine große Herausforderung und eine Chance. Doch die neuen Qualitäten müssen manchmal erst mühsam entdeckt werden. Dieses Buch ist eine Art Wanderführer für die zweite Lebenshälfte, das auf nützliche Wegmarkierungen aufmerksam macht.

Broschur
ISBN 978-3-7022-3145-3
144 Seiten, € 12.95

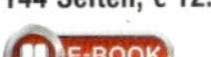

David Steindl-Rast

Und ich mag mich nicht bewahren

Vom Älterwerden und Reifen. Mit Gedichten von Rainer Maria Rilke und Josef von Eichendorff

Der große spirituelle Meister unserer Zeit stellt die vier „bewegenden" Fragen: Wonach sehnen wir uns? Wie können wir das überstehen? Woran reifen wir? Was tröstet uns? Und ermutigt zu Vertrauen, Dankbarkeit und zum Leben im Jetzt.

gebunden, Leinen mit Banderole
ISBN 978-3-7022-3184-2
48 Seiten, € 12.95

Gertraude u. Clemens Steindl

Ruhestand für Anfänger

Unser Weg in eine neue Lebensphase

Den dritten Lebensabschnitt als Chance verstehen, sich und sein Umfeld neu zu entdecken, denn alt ist man erst, wenn man nichts mehr vorhat. Die Autoren reflektieren über die ersten Jahre im Ruhestand: von sinnerfüllenden Ehrenämtern über das Glück, Großeltern zu sein, bis hin zur Auseinandersetzung mit dem Lebensende.

geb. m. SU
ISBN 978-3-7022-3166-8
184 Seiten, € 14.95

Monika Nemetschek

Schattenseiten – und wo bleibt Gott?

In Krankheit und Leid nicht allein

Vielen Christen drängt sich die Frage auf: Wie lassen sich Leid und Krankheit akzeptieren, ohne an Gott irre zu werden? Die Autorin nimmt die Leser mit hinein in ihre tiefste Kraftquelle ...

Broschur
ISBN 978-3-7022-2707-4
160 Seiten, € 14.90

Meinhard Feichter / Ulrich Schaffer

Gezählte Tage sind kostbare Tage

Vom Umgang mit einer lebensbedrohenden Krankheit

Meinhard Feichter und Ulrich Schaffer zeigen einfühlsam, dass sich auch nach großen Schicksalsschlägen Wege finden lassen, um dem Leben seinen Sinn abzuringen.

23 sw. Abb:, Klappenbroschur
ISBN 978-3-7022-3682-3
160 Seiten, € 14.90

„Ein Buch, das Schwerkranken wie auch Angehörigen und Freunden von Betroffenen ein wertvoller Wegbegleiter sein kann, weil es unter die Haut geht."

Münchner Merkur

Andreas R. Batlogg

Durchkreuzt

Mein Leben mit der Diagnose Krebs

Was tun, wenn eine schwere Krankheit alle Pläne durchkreuzt? Der Jesuit und erfahrene Publizist Andreas R. Batlogg muss mit der Diagnose Darmkrebs leben. Er beschreibt, wie sein Leben ins Wanken geriet, was ihm in schweren Stunden Trost schenkte, welche Gebete hilfreich waren und wie Freunde zu einer wichtigen Stütze wurden. Ein in seiner Offenheit berührendes Buch, das betroffenen Menschen hilft, besser zurechtzukommen.

2 sw. und 2 farb. Abb., geb. m. SU u. Lesebändchen
ISBN 978-3-7022-3745-5
192 Seiten, € 19.95

Josef Dirnbeck

Die Tränen haben nicht das letzte Wort

Wege durch die Trauer

Die elementare Erfahrung des Trauerns bleibt niemandem erspart. Der Schriftsteller und Theologe Josef Dirnbeck zeigt in diesem Buch Wege durch die Trauer. Mit feinem Sprachgefühl und Beispielen aus Literatur und Bibel nimmt er dem ernsten Thema die Schwermut.

geb. m. Lesebändchen
ISBN 978-3-7022-3400-3
128 Seiten, € 12.95

E-BOOK

Monika Nemetschek

Selig die Trauernden, denn sie sollen getröstet werden

Trost und Ermutigung in der Zeit des Abschieds

Ein engagiertes Buch gegen die Unfähigkeit zu trauern, ein ansprechender und hilfreicher Begleiter zum Leben- und Sterben-Lernen!

Broschur
ISBN 978-3-7022-2056-3
152 Seiten, € 14.90

Theresia Kronberger

Leben – Tod – Leben

Impulse für den Weg der Trauer, für Abendandachten, Begräbnisse und Gedenkfeiern

Diese reiche Sammlung von Texten und Gebeten ist ein Begleiter durch die schwere Zeit des Abschiednehmens.

durchgehend farbig illustriert, gebunden
ISBN 978-3-7022-2726-5
144 Seiten, € 17.90

Gabriele Danler / Christian Sint

In der Liebe bleiben wir verbunden

Gedanken für den Weg der Trauer

Wenn ein uns nahestehender Mensch stirbt, geraten wir ins Wanken. Hoffnungs- und Orientierungslosigkeit, Einsamkeit machen sich breit. Das Leben verliert seinen Sinn. Dieses Geschenkbuch möchte mit einfühlsamen Texten und behutsamen Naturbildern der Trauer Raum geben.

durchgehend farbig illustriert, gebunden
ISBN 978-3-7022-3680-9
44 Seiten, € 9.95

Petra Hillebrand

Flieg, kleiner Schmetterling

Gedanken zur Trauer um ein Kind

Mit ihren Trauergedichten findet Petra Hillebrand den richtigen Ton, um Eltern dabei zu helfen, ihrer Trauer über den Verlust eines Kindes Ausdruck zu verleihen ...

20 farb. Abb., gebunden
ISBN 978-3-7022-2992-4
44 Seiten, € 9.95

Gernot Candolini
Lebenswenden wagen
Die Botschaft des Labyrinths
In diesem Büchlein mit ausdrucksstarken Bildern und einfühlsamen Texten ermutigt Gernot Candolini dazu, Lebenswenden als neue Chance zu begreifen.

20 farb. Abb., gebunden
ISBN 978-3-7022-3056-2
44 Seiten, € 9.95

Gernot Candolini
Im Labyrinth
Aufbruch zur Mitte
Das stimmungsvolle Geschenkbuch zu einem uralten Meditationssymbol: Das Labyrinth als Spiegel für den Weg des Menschen zu sich selbst.

20 farb. Abb., gebunden
ISBN 978-3-7022-2635-0
44 Seiten, € 9.95

„Herzerwärmendes in knappen und doch eindringlich-bildhaften Worten“
www.glaubeaktuell.net

Reinhold Stecher
Herzworte
Gedanken und Bilder
Dieses Geschenkbuch lädt dazu ein, der Stimme des Herzens mehr Raum zu geben und beherzt zu handeln, wo Menschen in Not sind.

12 farb. Abb., geb.
ISBN 978-3-7022-3629-8
44 Seiten, € 9.95

Helmut, Ursula und Heidemarie Wittmann / Agnes Ofner

Das Geschenk der zwölf Monate

Märchen, Bräuche und Rezepte im Jahreskreis

Altes Wissen, kreative Ideen, köstliche Rezepte und stimmungsvolle Märchen verbindet dieses Hausbuch für die ganze Familie in sich auf moderne, ansprechende Weise.

90 farb. Illustrationen, 77 farb. Fotografien
gebunden m. Lesebändchen
ISBN 978-3-7022-3618-2
256 Seiten, € 29.95

Frau Wolle / Anna Vidyaykina

Hühnersuppe und Rosenduft

Ein Märchen von der Gastfreundschaft

Ein wohltuendes Märchen, poetisch erzählt, reich und feinsinnig illustriert.

durchgehend farbig illustriert, geb.
ISBN 978-3-7022-3023-4
32 Seiten, € 9.95

Frau Wolle / Anna Vidyaykina

Morgen ist morgen

Ein Märchen von Vertrauen und Gewitztheit

Ein Märchen vom Geben, Nehmen und Ankomme voller Weisheit und Schönheit.

durchgehend farbig illustriert, geb.
ISBN 978-3-7022-3136-1
32 Seiten, € 9.95

Hildegard von Bingen

Kraftquellen für die Seele

Ausgewählt v. Brigitte Pregenzer und Brigitte Schmidle

Die Texteauszüge aus dem Werk der Hildegard von Bingen bieten Anregungen für ein erfülltes, freudvolles Leben und regen zum Nachdenken an. In Verbindung mit den stimmungsvollen, meditativen Naturaufnahmen von Peter Mertz werden die Zitate wahre Kraftquellen für die Seele.

20 farb. Abb., gebunden
ISBN 978-3-7022-2822-4
44 Seiten, € 9.90

Hildegard von Bingen

Folge der Spur deines Lebens

Die inspirierenden Gedanken der Hildegard von Bingen bieten Orientierung und weisen die Richtung eines harmonischen Lebenswegs. Das beweisen Brigitte Pregenzer und Brigitte Schmidle durch eine stimmige Auswahl von Originaltexten der deutschen Mystikerin, ergänzt durch ausdrucksstarke Wege-Aufnahmen von Thomas Schmidle.

20 farb. Abb., gebunden
ISBN 978-3-7022-3109-5
44 Seiten, € 9.95

Brigitte Pregenzer

Achte auf die Lebensfreude

Für mehr Leichtigkeit mit Hildegard von Bingen

Mit Zeichnungen von Sophia Pregenzer

Dieses Büchlein macht neugierig auf die großen und kleinen Wunder, die das Leben für uns bereithält.

30 farb. Abb., geb.
ISBN 978-3-7022-3628
64 Seiten, € 9.95

tröstliche Stunden. Mit diesen seelischen Stimmungen habe ich mich lange beschäftigt und bin zur Einsicht gelangt, dass unsere Gedanken von drei Quellen genährt werden: von der eigenen Freiheit, von guten Gedanken, die ermutigen, und von bösen oder schlechten Gedanken, die Groll verursachen. Mittlerweile habe ich von einigen Hirnforschern gehört, dass sich das menschliche Gehirn so entwickelt, wie ein Mensch es benutzt. Heute werden ja nicht mehr sehr viele Menschen Heiligengeschichten lesen, aber es gibt eine Fülle von lesenswerten Biografien, welche das Gute im Menschen anregen und stärken können.

Frankl: Die Erkenntnisse der Hirnforschung hätte ich noch gerne erlebt, denn ich habe immer die Meinung vertreten, dass der Mensch ganz Mensch wird durch die Sache, die er zur seinen macht; wo er also aufhört, sich ständig selbst zu bespiegeln und zu fragen, ob er nicht zu kurz kommt. Der Mensch braucht etwas, das er mehr liebt als sich selbst; dabei kann es sich um einen anderen Menschen oder um eine gute Sache handeln. Wo ein Mensch sich hingibt, sich selbst vergisst, da wird er ganz er selbst.

Ignatius: Wie ist es dann bei Menschen, die sich einer bösen Sache widmen? Mit böse meine ich Menschen, die Freiheit rauben und Macht ausüben? Geht dann so ein Mensch in der bösen Sache auf?

Frankl: Sie haben vorhin als Ursprung unserer Gedanken die Freiheit erwähnt, sowohl gute als auch böse Gedanken zu denken. Ich habe Menschen erlebt, die waren überzeugt, Gutes zu tun, obwohl es offensichtlich böse war. Sie beriefen sich auf ihre Pflicht und hatten jede Form ihrer inneren Freiheit an die Machthaber der jeweiligen Zeit abgegeben. Im Alten Testament steht im Buch Exodus sinngemäß: „Ich bin der Herr, dein Gott, der dich aus der Gefangenschaft herausgeführt hat in ein Land voll Leben und Freiheit."

Mit diesem Zitat versuche ich, Ihre Frage zu beantworten. Ich kann mir vorstellen, dass Handlanger des Bösen nichts von jener Freiheit wissen, die wir meinen, und daher denken sie auch nicht darüber nach, dass ihr Tun Menschen schadet. Hinweise auf das Böse werden diese Menschen nicht erreichen, obwohl sie dringend Nachhilfe in Skepsis nötig hätten. Allerdings bezweifle ich, ob diese Menschen so etwas wie innere Ruhe und Vertrauen ins Leben kennen. Die sehen doch in jedem, der nicht ihrer Meinung ist, einen Feind.

Ignatius: Mit Ihrer Antwort erinnern Sie mich an die unselige Zeit der Inquisition. Ich hatte mehrmals mit diesen ausschließlich von sich selbst überzeugten Kirchenvertretern zu tun, die jede Menschlichkeit vergessen hatten und natürlich auch Gott. Ein Jahr vor meinem Tod kam ein eifriger Verfechter der Inquisition auf den Papstthron, Paul IV. Er sperrte sogar Kardinäle, die dem Herrn und den Menschen dienten, in die Engelsburg. Es war grauenvoll und hat mich sehr bekümmert. Doch eines haben diese Fehlhaltungen von Menschen nie geschafft, mir meinen Glauben und die Liebe zu Christus zu nehmen. Die Kirche war nie frei von Spannungen und Missbrauch hat es zu allen Zeiten gegeben. Verständlich ist, dass sich Menschen auf der Erde nach einem Ort sehnen, wo himmlische Ordnung herrscht. Tragisch ist, dass gerade im Namen Christi viel Unrecht und sehr Schlimmes von Kirchenmännern geschehen ist. Ich nehme an, dass auch deshalb immer weniger Menschen bereit sind, zwischen Kirche und Gott zu unterscheiden. Vielleicht ist das nicht ganz richtig formuliert. Menschen machen sehr wohl einen Unterschied, sie wenden sich von der Kirche ab und teilweise fragwürdigen Heilsversprechen zu. Früher hat man Menschen mit Gott gedroht und heute besteht die versteckte Forderung aus einer genauen Handlungsweise, die einzuhalten ist, um glücklich zu sein. Zu viele sind bereit, zweifelhafte Empfehlungen zu befolgen, die auch noch Geld kosten. Meist stellt sich das Erhoffte nicht ein, aber die Sehnsucht des Menschen ist versucht, diese Folgen auszublenden.

Frankl: Ich stimme Ihnen gerne zu. Neben der groben Vernachlässigung religiöser Sehnsüchte auf der einen Seite gibt es auf der anderen fragwürdige Angebote. Dietrich Bonhoeffer, der leider das Konzentrationslager nicht überlebt hat, hat einen Aufsatz über die menschliche Dummheit geschrieben. Darin beschreibt er, dass wir gegen die Dummheit wehrlos sind. Die Macht der einen braucht die Dummheit der anderen. Dass der Dumme oft bockig ist, darf nicht darüber hinweg täuschen, dass er nicht selbständig ist. Man spürt es geradezu im Gespräch mit ihm, dass man es gar nicht mit ihm selbst, mit ihm persönlich, sondern mit über ihn mächtig gewordenen Schlagworten und Parolen zu tun hat.

Ignatius: Hat nicht der deutsche Philosoph Immanuel Kant gesagt, dass der Mangel an Urteilskraft eigentlich das ist, was man Dummheit nennt, und dass einem solchen Gebrechen gar nicht abzuhelfen ist?

Frankl: Das war Kant und von ihm stammt auch der Hinweis, dass zwei Dinge ausreichen würden, ein Mensch zu sein: der gestirnte Himmel über mir und das Sittengesetz in mir. Also das Staunen über eine sternenklare Nacht und die Schönheit der Natur sowie eine innere Überzeugung, die ich mit Ehrfurcht vor dem Leben bezeichnen möchte.

Etwa zur gleichen Zeit wie Kant lebte Friedrich Schleiermacher. Er schrieb in einer berühmten Sammlung von Vorträgen „An die Gebildeten unter ihren Verächtern": „Religion ist die Anschauung des Universums." Religion beginnt also mit der Erfahrung des Ganzen und hat zunächst nichts mit Gebräuchen und Ritualen zu tun. Darüber sagt Schleiermacher, dass Religion auf das Gefühl radikaler Abhängigkeit hinweist. Das bedeutet: Ich weiß um mich selbst, dass ich in jeder Hinsicht fragil, abhängig und verletzbar bin. Mir selbst war diese Abhängigkeit zu Lebzeiten sehr bewusst und deswegen habe ich immer wieder betont, dass wir uns hin und wieder mit dem Tod konfrontieren sollten. Denn die Tatsache der zeitlichen Begrenzung unseres Daseins ist der Ansporn, die Zeit und jede Stunde und jeden Tag zu nützen.

Ignatius: Ich möchte noch einmal zum Sittengesetz von Kant zurückkommen. Welche Rolle spielt in diesem Zusammenhang für Sie das menschliche Gewissen?

Frankl: Vorausschicken möchte ich, dass ich davon überzeugt bin, dass jeder Mensch ein präreflexives Selbstverständnis auf diese Welt mitbringt. Also ein inneres Wissen, welches nicht erst durch ständiges Nachdenken und Reflektieren entstanden, sondern auf eine eigene Weise schon im Menschen angelegt ist. Es muss ihm nur bewusst werden, was er irgendwie ohnehin schon immer weiß. Für mich steht hinter dem Gewissen des Menschen das Du Gottes. Deshalb habe ich das Gewissen als Sinnorgan bezeichnet, als eine Art intuitiven Kompass, der mich und jeden Menschen – sofern er sich dafür interessiert – auf der persönlichen Suche nach Sinn leitet. Es steht außer

Frage, dass das Gewissen gepflegt werden muss. Das gilt besonders in einem Zeitalter, in dem die Zehn Gebote für viele ihre Geltung zu verlieren scheinen. Gewissenspflege bedeutet, als Mensch hellhörig genug zu sein, um das Leben wahrzunehmen und auf die Fragen, die es uns stellt, menschlich zu antworten.

Ignatius: Sie haben eine hohe Meinung vom Menschen. Sie trauen ihm viel zu, aber Sie muten ihm auch viel zu. An meine Zeit der Zweifel und Skrupel, die mich auf meiner Pilgerschaft gequält haben, kann ich mich gut erinnern. Immer wieder plagte mich der Gedanke, ich hätte vergessen eine Sünde zu beichten. Da hätte es mich sehr entlastet, wenn ich Ihre Sichtweise früher gekannt hätte. Mich bringt man ständig mit der Unterscheidung der Geister in Verbindung, Sie sofort mit der Suche nach Sinn und mit der Trotzmacht des Geistes. So wie ich das verstanden habe, kann der Mensch stärker sein als das, was ihn kleinzumachen droht. Er kann sich sogar selbst entgegentreten, wenn ihn eine irreale Angst immer wieder daran hindert, etwas zu tun, was in seinen Augen wertvoll ist. Auf der Erde würde ich diese Fähigkeit besonders jenen wünschen, die ein bisschen zu viel Selbstmitleid haben. So wie ich Ihre Trotzmacht des Geistes verstanden habe, kann sich der Mensch von seinen Eigenheiten auch distanzieren.

Frankl: Ja, ich möchte sagen, dass ich auf diese Entdeckung ein wenig stolz bin. Inspiriert hat mich ein österreichischer Dichter, Johann Nestroy, ein Wiener so wie ich. Der hat in einem seiner Theaterstücke gesagt: „Jetzt bin ich neugierig, wer ist stärker: Ich oder ich?“ Da ich die Berge liebe, mich jedoch Höhenangst plagte, habe ich mich gefragt: „Bin ich stärker oder der Schweinehund in mir, der sich nicht zu klettern traut?“ Wichtig ist für mich zu erwähnen, dass der Wert, den die Bergwelt auf mich ausübte, groß genug war, um mich zu überwinden. Meine Leidenschaft für das Bergsteigen hat mir geholfen, mich von meiner Angst zu distanzieren. Jetzt haben wir aber ständig von mir gesprochen, dabei interessieren mich Ihre Geistlichen Übungen, Ihre Exerzitien sehr.

Ignatius: Nachdem wir beide in der Ewigkeit angekommen sind, haben wir ja noch ewig Zeit.

Mit den Exerzitien möchte ich Menschen vor allem zum Nachdenken über das eigene Leben anregen. Sie sind ein Übungsweg auf der Suche nach Gott, die aufgrund von Texten aus der Bibel Unterstützung erhalten. Im Wesentlichen geht es in den Exerzitien darum, die gegenwärtige Lebensphase ernst zu nehmen und die Liebesfähigkeit des Menschen zu stärken. Die Veränderungen der letzten fünfhundert Jahre haben dazu geführt, dass meine Nachfolger sehr kreative Ideen hatten. Auf diese Weise sind Schreibexerzitien, Filmexerzitien, Wanderexerzitien und vieles andere entstanden, um Menschen in ihrer jeweiligen Lebenssituation zu begleiten und ihnen ihr Leben zuzumuten, aber nicht abzunehmen. Worauf nach wie vor bei allen Exerzitien Wert gelegt wird, ist das Gebet der liebenden Aufmerksamkeit und das persönliche Gespräch mit einem Begleiter oder einer Begleiterin. Letztlich geht es jedoch nicht um ein Leistenwollen, sondern um den Geist, in dem sich ein Mensch diesem geistlichen Übungsweg stellt. Es geht um die Offenheit, sich von Gott oder vom Leben beschenken zu lassen.

Frankl: Sie sprechen vom Geist, in dem sich ein Mensch auf den von Ihnen beschriebenen Übungsweg begibt. So wie ich das verstehe, geht es um die innere Einstellung, um die Bereitschaft, sich dem Glauben zu öffnen und sich auf die Stille einzulassen. Der Mensch hat entweder einen Glauben oder einen

Aberglauben. Je weniger vom Geist die Rede ist, umso mehr wird von Geistern gesprochen.

Ignatius: Mir ist schon einige Male aufgefallen, dass Sie eine ganz besondere Fähigkeit haben zu formulieren. Von Ihnen stammt doch auch der Satz: Der Partner unserer tiefsten Selbstgespräche ist Gott. Das stimmt doch, oder?

Frankl: Ja, das stimmt. Wenn ich in letzter Einsamkeit schlimme Stunden verbracht habe, war mir so, als ob mir Gott zuhört. Ich persönlich mag das Wort Gott. Ich kann aber auch gut verstehen, dass dieser Begriff für manche Menschen – aufgrund ihrer Lebensgeschichte – belastet ist. Da ist es doch sehr sinnvoll, dass Dietrich Bonhoeffer die „guten Mächte" ins Spiel gebracht hat.

Ignatius: Obwohl wir beide von gestern sind, haben wir ein großes Interesse für das, was heute auf der Welt geschieht. Ich bin gerne bereit, auf Begriffe, die Zwang ausüben, zu verzichten, und finde es großartig, welche Gedanken sich manche Menschen machen. Vor kurzem habe ich mit Tiziano Terzani gesprochen, dem Journalisten, der lange in Asien gelebt hat. Er hat das wunderbar formuliert und erwähnt auch den Sinn, der Ihnen so am Herzen liegt: „Nichts geschieht zufällig. Wenn wir hier sind, muss das einen Sinn haben. Zu sehen, welchen Grund jeder von uns hat, hier zu sein, und nachzuverfolgen, was uns hierhergeführt hat, ist eine wunderschöne Übung in Demut und ein Akt der Bewunderung für jene Intelligenz, die die Welt zusammenhält."[6]

---

6 Tiziano Terzani, Spiel mit dem Schicksal. Tagebücher eines außergewöhnlichen Lebens, München 2014, 523.

Frankl: Manchmal denke ich, dass wir viel Freiraum haben für all das, was wir mit dem Verlegenheitsnamen Gott bezeichnen. Übrigens, da fällt mir noch Václav Havel ein, der so viel für die Freiheit seiner Mitbürger riskiert hat. Er schrieb in einem Brief an seine Frau Olga: „Der wirkliche Glaube ist etwas unverhältnismäßig viel Tieferes und Geheimnisvolleres als irgendeine optimistische Emotion und hängt entschieden nicht davon ab, wie einem gerade Wirklichkeit erscheint.“[7]

Ignatius: Oh, wie wunderbar! Mit diesem Herrn möchte ich mich gerne unterhalten! Ich vermute, Václav Havel könnte den Satz verstehen, den ich in meinem „Fundament“ geschrieben habe: Es ist notwendig, dass wir uns den materiellen Dingen gegenüber gleichmütig verhalten und unsere Freiheit und Verantwortung ernsthaft wahrnehmen und leben. Auf diese Weise sollen wir von unserer Seite Gesundheit nicht mehr verlangen als Krankheit, Reichtum nicht mehr als Armut, Anerkennung nicht mehr als Ablehnung, langes Leben nicht mehr als kurzes, und folgerichtig so in allen übrigen Dingen.

Frankl: Das meine ich auch. Was das Materielle anlangt, hat es mich nie gereizt, viel Geld zu verdienen. Ich brauchte eine Arbeit, die mich erfüllt, und sei es auch unter Verzicht auf eine Arztpraxis, bloß Bücher schreibend. Ich denke, heute hat jeder sein Kreuz zu tragen, vielleicht mehr denn je. Aber es kommt darauf an, wie man das Kreuz trägt, das man nun einmal auf sich nehmen muss. Das Leben fordert uns heraus und manchmal fordert es Opfer. Aber es ist möglich, dafür zu sorgen, dass die gebrachten Opfer nicht sinnlos sind. Das wäre in dem Au-

---

7 Václav Havel, Briefe an Olga. Betrachtungen aus dem Gefängnis, Reinbek bei Hamburg 1989, 98.

genblick der Fall, wo es nicht im richtigen Geiste, aus der rechten Gesinnung heraus gebracht wird. Die Einstellung ist alles.

Ignatius: Ja, und die Liebe und die Freude. Ich denke, wenn ein Mensch fähig ist, sich selbst in einem gesunden Maß zu lieben, dann kann er auch andere lieben und muss nicht ständig aufpassen, ob ein anderer mehr hat als er selbst. Die christlichen Religionen wären wohl ein guter Weg, menschlicher zu werden, doch es wenden sich einfach viele von ihnen ab.

Frankl: Ist es nicht so, dass gerade der religiöse Mensch die Entscheidung seines Mitmenschen, der sich von der Religion abgewandt hat, zu respektieren hat? Er müsste diese Entscheidung als grundsätzliche Möglichkeit anerkennen, wie auch als tatsächliche Wirklichkeit hinnehmen. Gerade der religiöse Mensch müsste wissen, dass die Freiheit einer solchen Entscheidung eine gottgewollte, gottgeschaffene ist; denn in einem solchen Grade ist der Mensch frei, von seinem Schöpfer frei geschaffen, dass diese Freiheit eine Freiheit bis zum Nein ist.

Ignatius: Ich meine, Menschen brauchen diesen Mut zu einem Nein, damit ihre Identität und ihr Ja glaubhaft und authentisch sind. Die personale Identität und die Individualität wachsen in dem Maße, in dem ich beziehungsfähig werde und mich nicht ständig vor jemandem rechtfertigen oder schützen muss. Auf der anderen Seite muss niemand Gott verteidigen. Menschen, die sich berufen fühlen, Gott verteidigen zu wollen, ereifern sich leicht und stehen in der Gefahr, einem Götzen zu dienen.

Frankl: Der Glaube darf nicht fanatisch werden. Starrer Glaube macht fanatisch und fester Glaube tolerant. Die Gefahr der traditionellen Konfessionen liegt im Festhalten an alten

Formen, während die Gefahr der spirituellen Beliebigkeit im Vagen und in der Unverbindlichkeit liegt. Blut ohne Adern verblutet und Adern ohne Blut verkalken. Was nottut ist, dass die einzelnen Konfessionen verschiedene Wege sehen lernen zu dem einen Ziel – zum „einen Gott“. Das Ziel ist immer das Wesentliche, und je mehr es uns um das Wesentliche geht, umso weniger werden wir uns über die Verschiedenheit der Wege aufregen müssen. Schließlich ist der religiöse Mensch derjenige, der nicht zu hochmütig ist, um dieses „Etwas“ als „Gott“ zu bezeichnen. Jenes Wort, das Menschen seit Jahrtausenden verwenden, wenn sie von dem reden, der oder die oder das größer ist.

Die Welt, in der wir leben

Ich weiß nicht, ob es Ihnen ähnlich ergeht: Sehnen Sie sich auch nach Zuversicht und ein wenig mehr Fröhlichkeit? Die Stimmung in unserer Gesellschaft ist nicht gerade von Zuversicht getragen. Manche blicken besorgt in die Zukunft und scheinen Schlechtes zu erwarten. Gründe gibt es dafür reichlich und einige Sorgen sind berechtigt.

Gedanken haben Kraft und Einfluss auf unser Leben, und wenn die Sorgen zu groß werden, fehlen Vertrauen und Hoffnung und die Angst beginnt zu regieren. Während Unsicherheit den Zweifel nährt, füttert die Angst den Verdacht. Die Angst ist meistens eine Souffleuse mit falschem Text. Angst vernebelt nicht nur den Blick, sondern lähmt unsere Tatkraft, weil sie uns zuflüstert: Du bist nicht gut genug. Wer sich selbst nicht als wertvoll wahrnehmen und erkennen kann, verliert nicht nur das Interesse, sondern auch die Kraft, etwas Neues zu beginnen. Überdies ist der Blick auf das Ergebnis gerichtet und man möchte sicher sein, dass es auch eintrifft. Ob Geplantes oder Gewünschtes gelingt oder nicht, können wir niemals im Voraus sagen. Daher bleibt uns wohl nichts anderes übrig als zu lernen, dem Leben selbst zu vertrauen.

Dazu gehört, dass ich mir vertraue und der leisen Stimme in mir, die sich von Zeit zu Zeit meldet. Mich selbst finden bedeutet, mir meiner Interessen, Fähigkeiten und Talente bewusst zu werden und sie nach Möglichkeit auch zu beleben. Mich in meinem Leben zu finden schließt auch meine Mitmenschen ein – und ist letztlich eine besondere Form der Lebenskunst. Diese Kunst weiß um die unglaubliche Vielfalt der Lebensmöglichkeiten, doch sie ist auch realistisch und hat erkannt, dass nicht alles gelebt werden kann. Lebenskunst hat viel damit zu tun, dass ich einige jener Lebensmöglichkeiten verwirkliche, die ich bejahen kann, und die anderen, die ich nicht frei gewählt habe, gestalte. Die Einsicht, dass unsere Freiheit begrenzt ist durch Raum und Zeit, ist hilfreich, entlastend und manchmal dringend notwendig.

So wie ein Baum im Wald unter vielen Artgenossen wächst und gedeiht, leben wir mitten unter Menschen und jeder davon ist einzigartig. Diese Einzigartigkeit zeugt von der Kreativität des Lebens und hat uns mit einer großen Vielfalt an Entdeckungen beschenkt. In manchen Lebenslagen ist die Einmaligkeit der anderen anstrengend und fordert uns heraus – manchmal bis an unsere Grenzen. Dann wäre es gut, einen Ort zu haben, an dem man auftanken kann. Dieser Ort können auch unsere Gedanken und unsere geistigen Fähigkeiten sein, sofern wir sie gepflegt haben.

„Man muss weggehen können und doch sein wie ein Baum." Dieser Gedanke von Hilde Domin ist ein schönes Bild für Vertrauen. Ein Baum gräbt seine Wurzeln ins Erdreich, das ihn nährt. Unsere Wurzeln, welche im Leben selbst geerdet sind, verlangen nach geistiger Nahrung und dadurch wächst unser Vertrauen. Unsere Seele verlangt nach geistigen Lebensmitteln und diese sollen erfreuen, ermutigen, beleben und dem Geheimnisvollen und Phantastischen Raum zur Entfaltung schenken. Die ignatianische Spiritualität bedeutet, dass das innere Berührtsein die Seele mehr sättigt als das logische und beweisbare Verstandeswissen.

Für unser körperliches Wohlbefinden gibt es eine Fülle an Wegweisern, welche Ernährung und Bewegungsmöglichkeiten im Blick haben. Sie ersparen uns jedoch nicht die eigene Wahrnehmung. Jeder Mensch kann nur selbst wahrnehmen und empfinden, ob die empfohlene Nahrung seinem Körper auch guttut. Wegweiser zeigen die Richtung an, aber gehen muss ich selbst und ich muss mir bewusst werden, ob meine Kraft für den eingeschlagenen Weg reicht.

Ganz ähnlich verhält es sich mit jener geistigen Nahrung, die dem Sinnvollen Lebendigkeit schenkt. Ein Wegweiser weist auf etwas hin, jedoch befiehlt er mir nicht, wohin ich zu gehen habe; das entscheide ich kraft meiner Freiheit und Verantwortung. Die Logotherapie und die Inhalte der ignatianischen Spiritualität sind sinnvolle Wegweiser, die dem Menschen Orientierung anbieten. Die Entscheidung, welchen Weg er gehen möchte, überlassen sie dem Menschen selbst. Bereichernde theoretische Grundlagen laden zum Nachdenken ein und sind Richtungspfeile, Stoppschilder und Spielregeln, die vor allem dem Wohl, der Würde und der Lebensfreude des Menschen dienen.

Mir geht es weniger um Handlungsanweisungen oder Strategien, die jemand genau zu befolgen hat, aber aus eigener Erfahrung weiß ich, dass Rezepte selten das halten, was sie versprechen. Ich gebe Anregungen weiter, die mir in meinem Leben Orientierung gaben, mich in schwierigen Zeiten ermutigt und mein Vertrauen ins Leben gestärkt haben.

Ratgeber können allerdings auch zu Irrlichtern werden und in Sackgassen führen. In Sackgassen geraten wir meistens dann, wenn wir ein bestimmtes Ziel unbedingt erreichen wollen und übersehen, dass es nicht damit getan ist, ein Rezept oder eine Norm zu befolgen.

Wahrzunehmen ist etwas völlig anderes als zu reflektieren. Es geht nicht ständig um ein seelisches Pulsfühlen, z. B. durch das Ziehen einer Engelskarte, die mir sagen soll, wie es mir geht. Wahrnehmen wäre einfach, wenn man sich Zeit nimmt und sich selbst fragt: Was fühle ich jetzt? Was denke ich jetzt?

Wofür tue ich das, was ich gerade tue? Diese drei Fragen sind subjektiv, und die Antworten können unser Vertrauen ins Leben und in uns selbst stärken. Bei diesen Fragen geht es nicht darum, eine Vorschrift zu befolgen oder das zu denken und zu tun, was man soll. In vielen Bereichen unserer Gesellschaft haben wir die Sprache verloren, welche unser Empfinden beschreibt. Wir sollten viel mehr darüber reden und lernen zuzuhören, ohne sofort eine Lösung parat haben zu wollen. Vorerst geht es dabei um das Interesse an der Tiefendimension des Lebens.

Geschichte zur Inspiration

Meine Mutter hat mir für die Bewältigung meines Lebens eine stattliche Anzahl von „Wenn-dann-Strategien" mit auf den Weg gegeben. Das war in der Mitte des 20. Jahrhunderts eine durchaus gängige Erziehung. Im Falle meiner Mutter war die Schreckensherrschaft der Nationalsozialisten noch nicht sehr lange vorbei, und das Befolgen von Normen hat das Leben meiner Mutter geprägt. Das Wichtigste war: „Sei brav und mach uns keine Sorgen!" Unter Bravsein habe ich verstanden, dass ich für die gute Stimmung in der Familie verantwortlich war, und „Keine Sorgen machen" brachte ich mit guten Schulnoten in Verbindung. Beides nahm ich sehr ernst und dies hatte einerseits den Vorteil, dass ich sehr früh lernte, was Verzicht bedeutet und was arbeiten heißt. Der Nachteil dieser Erziehung lag im mangelnden Bewusstsein von Freiheit. Als Kind konnte ich meine Meinung nicht äußern, weil sie nicht der Weltanschauung meiner Mutter entsprochen hat. Diese innere Zwickmühle löste ich manchmal mit kreativen Lügen auf, um z. B. wenigstens hie und da ins Kino gehen zu können.

Die Kinokarte bezahlte der Vater einer Schulfreundin, doch mein Bravsein ging so weit, dass ich während des Films gegangen bin, weil ich nicht riskieren wollte, zu spät nach Hause zu kommen. Mit 17 Jahren war ich Mitglied eines Jugendchores, der in der Kirche sang. Zweimal jährlich gab es Ausflugswochenenden, um neue Lieder zu lernen. Einmal fiel das Chorwochenende auf den 1. November. Die Teilnahme war an mein Versprechen gebunden, am Allerheiligentag um 14.00 Uhr pünktlich beim Familiengrab zu sein. Das Singwochenende hat damals auf einer Almhütte stattgefunden, und ich musste allein durch den Wald gehen und mit dem Zug nach Hause fahren. Ich hatte nicht den Mut, nicht am Friedhof zu erscheinen. Bei diesem übermäßigen Bravsein war ich zugleich traurig und wütend, dass ich nicht bei meinen Freunden sein konnte, und beim Lügen hatte ich ein schlechtes Gewissen. Meistens habe ich gefolgt, damit die Stimmung meiner Mutter nicht in eine tagelange Eiszeit ausartete.

Innere Spurensuche

- Was fühle ich jetzt?
- Was denke ich jetzt?
- Wofür tue ich das, was ich gerade tue?

Viktor E. Frankl und Ignatius von Loyola als Wegweiser

Das Schicksal, das ein Mensch erleidet, hat also erstens den Sinn, gestaltet zu werden – wo möglich –, und zweitens, getragen zu werden – wenn nötig.[8]

Es gibt Dinge, die unter eine unabänderliche Wahl fallen.[9]

Viktor E. Frankl unterscheidet zwischen soziologischem, biologischem und psychologischem Schicksal. Die Familie, in die ich hineingeboren wurde, betrifft mein soziologisches Schicksal. Da es Dinge gab, die nicht zu verändern waren, hatte ich in meiner Jugend nicht besonders viele Wahlmöglichkeiten. Vielleicht ist daraus die Sehnsucht entstanden, mich in meinem Leben zu finden. Freiheit mit der Verantwortung zu verbinden, wofür es sich zu leben lohnt, gehört für mich zu den höchsten Werten in meinem Leben.

8 Frankl, Ärztliche Seelsorge, 151.
9 Ignatius, Geistliche Übungen, 62.

Wie das Streben nach Harmonie Menschen in die Enge treibt

Auf und Ab, Gelingen und Misslingen gehört zu unserem Leben. Läuft alles wie von selbst, dann denken wir nicht an Missgeschicke. Doch ebenso wenig wie das Leben eine Aneinanderreihung von Gelungenem ist, erleben wir nicht in ununterbrochener Folge Niederlagen. Wer einen Berg besteigt und aus eigener Kraft den Gipfel erreicht, muss wieder zurück ins Tal, denn Bergspitzen sind keine Wohnorte. Ganz ähnlich ist es mit unserem Leben. Jeder Mensch kennt besondere Erlebnisse, die er nie mehr vergisst. Was wir unbedingt bedenken sollten, der größte Teil in unserem Leben wird von Alltäglichem bestimmt. Gipfelerlebnisse sind etwas Außergewöhnliches und es ist sinnvoll, diese Freuden als etwas Kurzlebiges zu sehen. Werte, welche unser Vertrauen ins Leben dauerhaft stärken, haben kein Ablaufdatum. Bestimmte Aktivitäten – wie z. B. bestimmte sportliche Betätigungen – sind nicht in jedem Alter zu bewältigen.

Gerade im Alltag ist es manchmal eine besondere Herausforderung, die Freude nicht zu verlieren. Unser Leben wird von den Entscheidungen geprägt, die wir selbst und die anderen treffen. Wie wir entscheiden, hängt von unserer Einstellung zu Werten ab. Werte werden im Laufe unseres Lebens zu Orientierungen und Leitbildern. Wir brauchen eine Art Landkarte für unser Inneres, damit wir uns in der Vielfalt der äußeren Ratgeber zurechtfinden und unsere eigenen Glaubenssätze befragen und kritisch betrachten können.

Am Beginn eines gemeinsamen Lebensweges, zu dem Frau und Mann ihr freiwilliges Ja sagen, denkt kaum einer an

Schwierigkeiten. Die Freude über das Dasein des anderen überwiegt und spannend wird es, wenn der Alltag und die damit verbundene Mühe seine eigene Dynamik entwickelt. Gehen aus der Partnerschaft Kinder hervor, sind die meisten jungen Eltern sehr gefordert und Eigeninteressen müssen oftmals in den Hintergrund treten. Die meisten jungen Menschen sehen mehr die Möglichkeiten und weniger die Hindernisse, und das ist gut so. Es ist unmöglich, alle Auswirkungen unserer Entscheidungen zu bedenken. Wir leben in der Sphäre des Praktischen und nicht im Atelier der Theorie, in dem man auf ein weißes Blatt geniale Ideen schreiben kann.

Für ein gelingendes Leben brauchen wir beides: Theorie zur Orientierung und Mut zur Umsetzung. Wer mutig ein Risiko auf sich nimmt, scheitert hin und wieder. Deshalb haben wir Vertrauen nötig, Vertrauen in unser Gespür und in unsere Selbstwahrnehmung. Nur wenn wir uns selbst, unser Fühlen, Denken und Handeln ernst nehmen, können wir Zusammenhänge erkennen. Jeder Mensch sehnt sich auf seine ganz persönliche Weise nach Geborgenheit, nach Wärme, Verständnis und einem Angenommensein, das nicht auf Leistung beruht. Geborgenheit erleben wir im Empfinden von Zuneigung, Liebe, Vertrauen, Zuversicht und Mitgefühl. Wenn das Leben es gut mit uns gemeint hat, haben wir diese Fürsorge am Beginn unseres Daseins bekommen. Für das Geschenk unseres Lebens mussten wir nichts leisten. Ein Leistenmüssen aus Daseinsangst ist etwas völlig anderes als ein Leistenwollen aus Daseinsfreude. Bestimmt die Freude unsere Aktivität, engagieren wir uns, vergessen wir die Zeit und wir tauchen mit unserer ganzen Persönlichkeit in die Arbeit ein. Ist unsere Leistung mehr von einem Müssen geprägt, haben wir viel mehr das Ergebnis im Blick und hemmen dadurch unser Mögen.

In jenen Lebensbereichen, in denen ein bestimmtes Ziel das Kommando übernommen hat, ist es Zeit, genau hinzuschauen. Es gibt reale Ängste, die uns warnen und schützen, und es gibt ein Unbehagen, das wir nicht genau benennen können. Ein unangenehmes Gefühl taucht auf und, da man Konflikte vermeiden will, spüren wir erst im Nachhinein, dass wir auf die leise innere Warnung nicht geachtet haben. Wir können unseren Terminkalender planen nach dem, was uns wichtig ist, doch Erfahrungen lassen sich nicht planen. Manchmal wird die Umsetzung unserer Ideen von unterschiedlichsten Ereignissen behindert oder gar verhindert und wir entdecken erst im Nachhinein, dass wir uns zu viel zugemutet haben. Es gibt Formen der Rücksichtnahme, in denen das Bemühen um das Wohlergehen der Mitmenschen nur noch als Belastung empfunden wird und ein gründliches Nachdenken so wehtut, dass man es unterlässt.

Geschichte zur Inspiration

Ich war bereits verheiratet, hatte schon zwei Kinder und, um ungute Stimmungen zu vermeiden, versuchte ich meine Kinder, meinen Mann und meine Mutter zufriedenzustellen. Was natürlich etliche Male misslungen ist, und besonders bei Familienfesten erlebte ich mein Scheitern besonders schmerzlich. Geprägt durch meine Jugend war ich nach wie vor überzeugt, dass ich für die gute Stimmung in der Familie zuständig sei. Diese Sichtweise ist alles andere als realistisch und ziemlich anmaßend und überheblich. Erst als meine innere Überzeugung so groß wurde, dass es mehr geben müsse als das Befolgen dessen, was andere von mir verlangen, begab ich mich auf die Suche nach Wegweisern und auf eine innere Spurensuche.

Innere Spurensuche

- Gibt es eine Begegnung oder ein Ereignis, an dem ich entdecke, dass ich mich selbst nicht ernst genommen habe?
- Kann ich im Blick zurück erkennen, wann das Unbehagen aufgetaucht ist?
- In welchen Situationen warnt mich mein Körper?

Viktor E. Frankl und Ignatius von Loyola als Wegweiser

Die Furcht bangt davor, was in der Zukunft verborgen ist; aber der Trost weiß darum, was in der Vergangenheit geborgen ist.[10]

Wer in Trostlosigkeit ist, soll sich mühen, in Geduld auszuharren, und er möge bedenken, dass er bald wieder getröstet sein wird.[11]

Die Anregung von Viktor E. Frankl, in der Vergangenheit nach dem zu schauen, was ich bereits bewältigt habe, war Balsam für meine Seele und hat mich getröstet. Ich richtete meinen Blick auf das Gelungene und dadurch begriff ich endlich, dass

10 Viktor E. Frankl, Der Mensch vor der Frage nach dem Sinn, Frankfurt 2002, 247.

11 Ignatius, Geistliche Übungen, 106.

ein harmonisches Miteinander nicht allein von mir abhängt. Ich kann meinen Teil zu einem guten familiären Miteinander beitragen, indem ich die Sichtweise der anderen respektiere und allmählich lerne, meine eigene mitzuteilen.

Der Gedanke von Ignatius von Loyola, in Geduld auszuharren, machte mir deutlich, dass nicht nur das Tätigsein Zufriedenheit schenkt. Ich entdeckte, wie wesentlich die Kunst der Passivität ist: Zeit nehmen und warten können, bewusst meine Grenzen akzeptieren und respektieren, um allmählich zu entdecken, wie vertrauensvolle Gelassenheit in mir zu wirken beginnt. Ganz so einfach war die Umsetzung des Gedankens nicht. Mir half dabei das Gebet und besonders Psalm 147: „Der Herr verschafft deinen Grenzen Frieden."

Leben heißt zeigen, was du liebst

Das Beglückende, das uns durch den Tag und das Leben trägt, sind Begegnungen mit dem Lebendigen. Das Lebendige sind Menschen, Tiere, Pflanzen, die gesamte Fülle der Natur, Sport, Musik, Literatur, die Vielfalt der Kunst und vieles mehr. Dies sind Werte, die uns am Herzen liegen und uns begeistern können. Begeisterung erleben wir, indem uns etwas berührt. Innere Ergriffenheit ist etwas völlig anderes als das Befolgen von Regeln oder Normen. Indem uns ein Mensch begeistert, ein Lied unter die Haut geht oder ein Gedicht zur Kraftquelle wird, erhält unsere Liebesfähigkeit nicht nur viele Anregungen, sondern auch die Kraft zur Pflege dieser Werte. Die dankbare Freude über das Dasein eines anderen Menschen gehört zu den schönsten Erfahrungen. Wir sollten viel mehr kreative Möglichkeiten suchen, um andere spüren zu lassen, dass wir sie mögen. In der Hingabe an etwas Wertvolles erfahren wir eine innere Bereicherung und die Angst, zu kurz zu kommen, schwindet.

Wer das eigene Leben völlig in die Hände von Fachleuten gibt, verzichtet auf dieses Berührtsein und auf das, was aus dieser Berührung mit dem Lebendigen entstehen kann: Mut zur persönlichen Stellungnahme und die Kraft zur Tat. Jeder Mensch kommt ohne großartiges Wissen zur Welt, jedoch mit sehr viel körperlichem und seelischem Empfinden. Von Maria Montessori stammt der Satz: Kinder sind Gäste, die nach dem Weg fragen. Wenn uns in unserer Heimatstadt jemand nach dem Weg fragt, geben wir Auskunft und dann geht der Fragende alleine weiter. Wer an seine eigene Erziehung denkt, erinnert sich an bestimmte Menschen, die ihm Auskunft gegeben haben, welche Wege zu gehen wären. Sie haben uns mit all dem inspiriert, was ihnen wichtig war. Einiges hat uns gefallen und anderes nicht. Irgendwann haben wir aufgehört zu fragen und sind unseren Weg alleine gegangen. Nach genauem Betrachten werden wir entdecken, wie viel wir von jenen Menschen in uns tragen, die unser Leben begleitet und bereichert haben.

Viele sehnen sich nach einem selbstbestimmten Leben und unterliegen dem Irrtum, dass Selbstbestimmung ausschließlich das ist, was aufgrund eigener Ideen und Ansichten entstanden ist. Jeder Mensch ist am Beginn seines Lebens auf die gute Sorge anderer angewiesen und im Grunde bleiben wir ein Leben lang abhängig. Unser Vertrauen, das wir anderen entgegenbringen, ist die Anerkennung der eigenen Abhängigkeit. Niemand von uns würde für die Familie oder Freunde kochen, wenn er nicht wüsste, dass miteinander essen viel schöner ist als alleine am Tisch zu sitzen. Es käme wohl niemand auf die Idee, Blumen zu verschenken, wenn er sich nicht sicher wäre, dass sich die oder der andere darüber freuen würde. Es liegt an uns, unsere Liebesfähigkeit zu pflegen und damit die Freude, die im Schenken spürbar wird. Die Liebe zum Leben stärken wir, indem wir uns Zeit nehmen, darüber nachzudenken, wofür wir leben möchten und wofür nicht. Für ein gelingendes Miteinander brauchen wir Spielregeln, doch je akribischer wir bestimmte Regeln, Strategien oder Rezepte zu befolgen versuchen, umso mehr schwindet unsere Intuition für das, was wir lieben.

Geschichte zur Inspiration

Im März 1988 hielt Viktor E. Frankl am Rathausplatz in Wien die Gedenkrede anlässlich des 50. Jahrestages des Anschlusses Österreichs an Deutschland. Eine Aussage hat mich tief berührt: „Eine Kollektivschuld gibt es nämlich nicht. Schuld kann jedenfalls nur persönliche Schuld sein – die Schuld an etwas, das ich selbst getan habe – oder vielleicht zu tun unterlassen habe!“[12]

Die Aussage von Viktor E. Frankl, dass es keine Kollektivschuld gibt, erfüllte mich mit großer Erleichterung und einer tiefen Befreiung. Ich spürte intensiv, dass in diesem Gedanken die Sicht zu verantworteter Freiheit anstatt verordneter Schuld liegt. Das Thema Schuld hatte nicht nur meiner Mutter den Beginn meines Lebens sehr schwer gemacht. 1952 galt ein uneheliches Kind als Verfehlung. Tief in mir habe ich nie akzeptiert, dass ich „schuld“ sei am Unbehagen meiner Mutter. Das Bemühen meiner Kindheit war geprägt, brav zu sein und meiner Mutter nicht „noch mehr“ Sorgen zu machen, als durch mein Dasein bereits entstanden sind.

Mit der Aussage von Viktor E. Frankl begann mein Prozess, der mir half, meine Mutter und die Zeit, in der sie lebte, besser zu verstehen. Heute denke ich in dankbarer und aufrichtiger Freude an diese Initialzündung, die Viktor E. Frankl in mir ausgelöst hat, zurück.

12 Viktor E. Frankl, Es kommt der Tag, da bist du frei. Unveröffentlichte Texte und Reden, München 2015, 228.

Innere Spurensuche

- Wen würde ich für mich als Wegweiser bezeichnen?
- Welche Aussagen oder Fähigkeiten gefallen mir an diesem Menschen?
- Was gefällt mir an diesem Menschen weniger?
- Welche Charaktereigenschaft dieses Menschen bringt mich zum Staunen?

Viktor E. Frankl und Ignatius von Loyola als Wegweiser

Die Liebe erhöht beim Liebenden die menschliche Resonanz für die Fülle der Werte. Sie schließt ihm die Welt in deren Wertfülle auf, das ganze „Wert-all".[13]

Zunächst ist auf zwei Dinge zu achten. Das erste ist, dass die Liebe mehr in die Werke als in die Worte gelegt werden muss. Das zweite: Die Liebe besteht in der Mitteilung von beiden Seiten her; das heißt, dass der Liebende dem Geliebten gibt und mitteilt, was er hat, oder von dem, was er hat oder kann, und als Erwiderung ebenso der Geliebte dem Liebenden; hat also der eine Wissen oder Ehren oder Reichtümer, so teilt er sie dem mit, der sie nicht besitzt, und so auch der andere dem einen.[14]

13 Frankl, Ärztliche Seelsorge, 167.

14 Ignatius, Geistliche Übungen, 78.

Die Gedanken der beiden haben mich gelehrt, dass es nicht so sehr darum geht, dass ich geliebt werde, sondern dass ich meine Liebesfähigkeit stärke. Mein Interesse für das Leben meiner Mutter und die Zeit, in der sie gelebt hat, erhöhte mein Verständnis für ihr Verhalten und ihr angstvolles Bemühen, nichts falsch zu machen. Wer ständig versucht etwas zu vermeiden, hat immer das im Blick, was er verhindern möchte. Das bedeutet, dass sich das Gehirn dauernd mit dem beschäftigt, was man eigentlich nicht will. Der Ausweg heißt: Wenn ich mich in meinem Leben finde, dann erübrigt sich das Vermeiden, weil ich schon da bin.

Das Leben in allen Dingen finden

Leben bedeutet Vielfalt und Stillstand, Freude und Zeiten ohne sie, Ideen, die unvermittelt auftauchen und ebenso schnell wieder verschwinden. Leben ist Wissen und Nichtwissen. Leben bedeutet Ziele anzustreben, sie zu erreichen oder auch nicht. Im Rückblick schaue ich auf Erfolgserlebnisse und Pannengeschichten. Wenn ich genau hinschaue, dann tauchen Erfahrungen auf, die nicht ich angestrebt habe, aber die auf eigene Weise vom Leben oder von Gott gelenkt scheinen.

„Du sollst den Herrn, deinen Gott, lieben von ganzem Herzen, von ganzer Seele und von ganzem Gemüt." Diese Antwort finden wir im Matthäus-Evangelium (Kap. 22, Vers 37) auf die Frage eines Schriftgelehrten, was das höchste Gebot sei. Kaum ein Begriff hat so viele Missverständnisse und Kriege ausgelöst wie der Begriff Gott oder das, was manche damit verbinden. Gott ist keine Instanz, die bestraft, wenn wir nicht befolgen, was sich Menschen ausgedacht haben. Deshalb ist immer wieder eine gesunde Skepsis angebracht, wenn uns komplexe Dinge als einfache Parolen präsentiert werden.

Die Sehnsucht nach einer verlässlichen Orientierung ist groß, die Suche äußerst vielfältig und es gibt die Bereitschaft, an obskure Heilsversprechungen zu glauben. Könnte es sein, dass dieser Suche die Sehnsucht nach etwas Vollkommenem zugrunde liegt? Die meisten Menschen wollen ganz sicher sein, dass es etwas Gutes ist, worauf sie sich einlassen. Wie oft messen wir Menschen mit einem Maß, das nicht nur unrealistisch, sondern auch unmenschlich ist. Menschsein bedeutet, Wagnisse einzugehen, zu entscheiden und zu handeln, und manche Fehler sind unvermeidbar.

Sobald Missstände aufgezeigt werden – es ist gut, dass sie benannt werden –, wenden sich Menschen relativ schnell von jenen ab, die aus ihrer Sicht falsch gehandelt haben. George Bernard Shaw sprach davon, dass wir nicht Götter suchen sollen, wo Menschen sind. Konkret könnte dies bedeuten, dass wir mehr Verständnis für jene haben sollten, die Fehler machen – auch mit uns selbst. Dazu fordert uns die christliche Botschaft auf.

Tomáš Halík, ein tschechischer Theologe, sagte in einem Gespräch mit Johannes Kaup: „Ich sage immer, bei uns ist die am meisten verbreitete Religion der ‚Etwasismus': Etwas muss sein. Ich glaube nicht an Gott, aber etwas muss sein. Dieser ‚Etwasismus' ist eine Massenreligion – das ist nicht Atheismus, das ist Abstand von der Kirche."[15]

Wären Sie zu einem Wagnis bereit? Versuchen Sie, den Begriff Gott durch das Wort Leben zu ersetzen. Das ist kein Verrat an Gott, sondern eine kreative Möglichkeit, sich von einem Begriff, der bei manchen negative Assoziationen auslöst, zu distanzieren. Wenn manche Menschen den Begriff Gott hören, tauchen in ihnen unmittelbar Erinnerungen auf, welche die eigene Freiheit bedrohten und eine diffuse Angst auslösen. Diese Erfahrungen können wir nicht einfach löschen, da sie tief in unserer Seele schlummern und hellwach werden, wenn das Stichwort fällt.

Das Bilderverbot aus dem Alten Testament lautet: „Du sollst dir kein Bildnis noch irgendein Gleichnis machen, weder des, das oben im Himmel, noch des, das unten auf Erden, oder des, das im Wasser unter der Erde ist."

---

15 Johannes Kaup, Was glauben Sie? Nach den Gründen fragen, Wien/Graz 2017, 70.

Leben anstelle des Wortes Gott zu verwenden, wird für manche Menschen eine Erleichterung und für andere eine Zumutung sein.

Der Begriff Leben hat mir das Verstehen des Prinzips und Fundaments von Ignatius von Loyola sehr erleichtert. Im Nachfolgenden sein Text – zum besseren Verständnis habe ich einige Worte verändert:

Der Mensch ist geschaffen, sich des Lebens zu freuen, ihm Respekt zu erweisen und ihm zu dienen und damit seiner Seele etwas Gutes zu tun.
Die anderen Dinge auf der Welt sind für den Menschen da und sie sollen ihn in der Umsetzung des Zieles unterstützen, wofür er auf der Welt ist.
Daher folgt, dass der Mensch die Dinge auf der Welt so verwenden soll, dass sie ihm bei der Erfüllung der Lebensfreude und dem Dienst am Leben helfen. Alles, was ihn an diesem Dienen hindert, soll er lassen.
Darum ist es notwendig, dass wir uns den materiellen Dingen gegenüber gleichmütig verhalten und unsere Freiheit und Verantwortung ernsthaft wahrnehmen und leben.
Auf diese Weise sollen wir von unserer Seite Gesundheit nicht mehr verlangen als Krankheit, Reichtum nicht mehr als Armut, Anerkennung nicht mehr als Ablehnung, langes Leben nicht mehr als kurzes, und folgerichtig so in allen übrigen Dingen. Einzig das sollen wir ersehnen und erwählen, was uns mehr zum Ziele hinführt, uns des Lebens zu freuen und das Leben zu lieben.[16]

16 Vgl. Ignatius, Geistliche Übungen, 26.

Ein genaues Betrachten lohnt sich. Diesem anspruchsvollen Text in einer Haltung des Staunens oder der Neugierde zu begegnen, könnte hilfreich sein.

Der Mensch ist geschaffen, sich des Lebens zu freuen, ihm Respekt zu erweisen und ihm zu dienen und damit seiner Seele etwas Gutes zu tun.

Der erste Gedanke klingt sehr einladend: Wir sind auf der Welt, um uns zu freuen und dem Leben Respekt zu erweisen. Respekt kommt aus dem Lateinischen „respicere" und bedeutet so viel wie: zurückblicken, also etwas genau betrachten. Respekt hat viel mehr mit herzlicher Zuwendung zu tun als mit höflicher Distanz. In der Zuwendung steckt das Interesse am Lebendigen, an meinem Gegenüber, seiner Art zu leben und seiner Sichtweise.

Die anderen Dinge auf der Welt sind für den Menschen da und sie sollen ihn in der Umsetzung des Zieles unterstützen, wofür er auf der Welt ist.

Was könnten die anderen Dinge sein, die unsere Freude am Leben stärken? Wir können uns fragen: Mache ich dieses oder jenes, weil es mich freut? Tue ich etwas, weil es notwendig ist und daher die Basis, sich freuen zu können? Vieles, was den Alltag betrifft, ist notwendig. Manchmal kommt die Freude nicht sofort im Tätigsein, sondern erst etwas später. Kochen ist manchmal Mühe, besonders wenn die Zeit knapp ist. Sitzen dann Familie oder Freunde am Tisch, können wir die Freude miteinander teilen.

Daher folgt, dass der Mensch die Dinge auf der Welt so verwenden soll, dass sie ihm bei der Erfüllung der Lebensfreude und dem Dienst am Leben helfen. Alles, was ihn an diesem Dienen hindert, soll er lassen.

Jetzt wird es richtig spannend und unsere Fähigkeit, unterscheiden zu können, ist gefragt. Freude erleben wir, indem wir unsere Liebesfähigkeit gestalten, in der Liebe zu einem Menschen, in der Liebe zur Natur, in der Liebe zur Literatur, in der Liebe zur Musik oder Malerei, auch die Begeisterung für den Sport gehört dazu und einiges mehr. Die Logotherapie vermittelt die Erkenntnis, dass wir durch Werte Sinn und Freude erfahren können. Das Wohlbefinden, Glück und die Komfortzone spielen bei der Wertverwirklichung eine sekundäre Rolle. Unser Befinden ist Effekt, also die Folge dessen, womit wir uns beschäftigen. Wohlbefinden, und alle anderen Befindlichkeiten sind kein Ziel, welches direkt zu erreichen ist, sondern sie entstehen aus unserem Tun oder Nichttun.

Darum ist es notwendig, dass wir uns den materiellen Dingen gegenüber gleichmütig verhalten und unsere Freiheit und Verantwortung ernsthaft wahrnehmen und leben.
Auf diese Weise sollen wir von unserer Seite Gesundheit nicht mehr verlangen als Krankheit, Reichtum nicht mehr als Armut, Anerkennung nicht mehr als Ablehnung, langes Leben nicht mehr als kurzes, und folgerichtig so in allen übrigen Dingen. Einzig das sollen wir ersehnen und erwählen, was uns mehr zum Ziele hinführt, uns des Lebens zu freuen und das Leben zu lieben.
Diese Anregung steht im absoluten Gegensatz zu dem, was heute als erstrebenswert gilt. Meistens werden Strategien vermittelt, wie wir Gesundheit, Reichtum und Anerkennung erreichen. Das Gegenteil als Möglichkeit zu akzeptieren fordert heraus, hilft jedoch, die seelische Widerstandskraft zu stärken. Bei genauer Betrachtung will mir scheinen, ich hätte das Wesentliche dieser Empfehlung schon immer gekannt. Vielleicht tun sich Menschen mit diesen Aussagen von Ignatius leichter, die Krankheit, Armut oder Ablehnung bereits leibhaftig erfahren haben.

Geschichte zur Inspiration

Mit 49 Jahren erlebte ich eine unfreiwillige Auszeit. Nach einer Wirbelsäulenoperation befand ich mich ein Jahr lang im Krankenstand, und meine finanzielle Situation war bedrückend. Besonders in den Nächten erlebte ich viele Stunden, die von Verzweiflung geprägt waren. In dieser Lebenslage machte mich jede Aufforderung, dass ich positiv denken sollte, wütend. Grundsätzlich habe ich eine positive Grundeinstellung zum Leben, doch in einer Situation, in der jede Form von üblicher Leistungsfähigkeit unmöglich und Genussfähigkeit äußerst eingeschränkt ist, fand ich im Fundament des Ignatius von Loyola jenen Zuspruch, der mir gut getan hat. „Gesundheit nicht mehr verlangen als Krankheit"! Allmählich begriff ich nicht nur die Herausforderung dieses Gedankens, sondern die Tragweite einer realistischen Sicht auf das Leben. Die Tage liegend zu verbringen ist nicht wirklich schlimm, wenn die Pharmazie hilft, die Schmerzen in Zaum zu halten. Die seelische Verzweiflung wurde von meiner Vorstellung genährt, dass ich eigentlich arbeiten und Geld verdienen sollte. Je länger ich diesem Grübelkarussell erlaubte, sein Unwesen zu treiben, umso klarer wurde mir, dass ich mich in einer gedanklichen Sackgasse befinde. Die Erkenntnis, dass auch Krankheit zum Leben gehört und nicht nur jene Tage, an denen wir fit und leistungsfähig sind, entlastete zuerst mein Denken und dadurch befreite ich meine Seele. Gleichmut gegenüber materiellen Dingen zu entwickeln war schwieriger, denn es ging nicht um einen Urlaub, den ich mir nicht leisten konnte, sondern um das Erhalten unseres Wohnraumes.

Innere Spurensuche

- Bin ich mir bewusst, dass das Leben nicht nur aus glücklichen Tagen besteht?
- Ahne ich, dass es sinnvoll ist, in guten Zeiten meine seelische Widerstandskraft zu pflegen?
- Kann ich in meinen „Angelegenheiten", meiner Arbeit, meinen Herzensanliegen, meinen Enttäuschungen Leben finden?

Viktor E. Frankl und Ignatius von Loyola als Wegweiser

Unnötiges Leiden ist sinnloses Leiden – notwendiges Leiden ist sinnvolles Leiden. Einen Menschen unnötig leiden lassen, ist unärztlich, einem Menschen notwendiges Leiden erlassen, wäre jedoch unmenschlich. Der Mensch hat nämlich einen Anspruch darauf, seinen Schmerz zu erleiden.[17]

Zur Zeit der Trostlosigkeit soll man niemals eine Änderung treffen, sondern fest und beharrlich zu den Vorsätzen und Entscheidungen stehen, zu denen man am Tag vor dieser Trostlosigkeit stand, oder zu der Entscheidung, zu der man im vorausgehenden Trost stand.[18]

17 Viktor E. Frankl, Der leidende Mensch. Anthropologische Grundlagen der Psychotherapie, Bern 1984, 105.
18 Ignatius, Geistliche Übungen, 105.

In mir löste und löst die Erkenntnis des Ignatius immer wieder Erleichterung aus. Ganz besonders befreiend war, früher getroffene Entscheidungen nicht ständig zu bezweifeln, sondern beharrlich zu bleiben.

Der Gedanke von Viktor E. Frankl, dass es notwendiges Leiden gibt, betrifft die Bereitschaft, die innere Sichtweise zu ändern. Es macht traurig, wenn man von bestimmten Dingen Abschied nehmen muss, weil diese nicht mehr gelebt werden können. Ob dies nun eine Sportart ist wie Skifahren oder ein Beruf, der aufgrund körperlicher Einschränkungen nicht mehr ausgeübt werden kann. Ich brauchte Zeit, um mich von vertrauten Gewohnheiten zu verabschieden und sie zu betrauern und keine Vertröstung, dass alles wieder gut wird.

Für mein inneres Wachstum bin ich verantwortlich

Wie wir mit eigenen Fehlern im Laufe unseres Lebens umgehen, daran zeigt sich, wie reif unsere Persönlichkeit ist. Wie wir mit den Schwächsten in unserer Gesellschaft umgehen, zeigt den Reifegrad unserer Zivilisation, und ich bin überzeugt, dass unser soziales Miteinander von jeder und jedem Einzelnen abhängt. Natürlich gibt es Unterschiede, wie dieses Miteinander zu gestalten wäre. Es liegt in der Natur der Sache, dass jeder Mensch einmalig und einzigartig ist und vielfältige Interessen hat. Doch jeder hat die Möglichkeit, sich zu besinnen und zu begreifen, dass er selbst beitragen kann, sein unmittelbares Umfeld zu verändern. Jeder muss bei sich anfangen und nicht darauf warten, dass andere beginnen. Dann warten nämlich alle vergeblich. Die Bereitschaft, die eigene Sichtweise zu ändern, wenn die bisherige nicht hilfreich war, ist jeder und jedem möglich. Außerdem kann diese Bereitschaft zur Selbsterkenntnis niemandem genommen werden.

Während der eine wahrnimmt, wo er seine Begabung für die Nöte in unserer Gesellschaft sinnvoll einsetzen kann, wartet ein anderer darauf, dass ihm das Leben und die Menschen in seiner Umgebung das geben, was er sich wünscht. Diese Wünsche haben selten etwas mit unseren grundlegenden Bedürfnissen zu tun. Schlafen, essen und trinken sind Bedürfnisse unseres Körpers; sind sie gestillt, dann ist für einige Zeit Ruhe. Ist hingegen ein Wunsch erfüllt, produziert er meistens neue. Manche Menschen erliegen dem Irrtum, dass hauptsächlich die äußeren Bedingungen unserem Leben Sinn geben, und fallen deshalb leicht auf diverse Heilsversprechen herein. Andere glauben bereitwillig den Schlagzeilen, was ihnen alles zustehen würde und welche Rechte sie hätten. Um in den Genuss dieser Vorteile zu kommen, müsse man nur die „richtige“ Partei wählen. Slogans in der Werbung machen uns vor, dass das Leben mühelos sei, wenn man das „richtige“ Produkt kauft. Laut einer Studie aus dem Jahr 2017, in Auftrag gegeben von der Arbeiterkammer Wien, ist ein Viertel der österreichischen Bevölkerung kaufsuchtgefährdet und elf Prozent sind kaufsüchtig. Das Phänomen der Kaufsucht macht deutlich, dass es nicht möglich ist, innere Leere mit äußerer Fülle zu betäuben. Neue Kleider oder Schuhe befriedigen nicht sehr lange, sondern vermitteln meist nur ein Augenblicksglück. Die Fülle des Konsums hat fatale Auswirkungen auf unser Seelenleben. Man meint, durch den Kauf von verschiedenen Dingen die Sehnsucht nach Zufriedenheit stillen zu können. Das ist ein sehr großer Irrtum. Die gekaufte Fülle fällt in ein Fass ohne Boden, wenn das innere Wachstum mit dem äußeren Wohlstand nicht mithalten kann.

Besonders in den letzten dreißig Jahren wurde diese Mentalität des Besitzen-Wollens immer mehr auf zwischenmenschliche Bereiche übertragen. Das ist unheilvoll. Alles soll mir gehören und nützlich und rentabel sein. Menschen, die in der Überzeugung leben „Jeder ist seines Glückes Schmied“, vergessen, dass Missgeschicke und Schicksalsschläge, auf einen langen Zeitraum gesehen, nicht vermieden werden können. Außerdem stellt sich die Überzeugung dem Mitfühlen in den Weg. Wir leben in einer Epoche, in der Beweise und die Rechenschaftspflicht für das, was man getan hat, einen überdimensionalen Wert erreicht haben. Manche Menschen neigen dazu, andere zu beschuldigen, wenn das Leben nicht so gelingt, wie sie es sich vorgestellt haben. Diese Sichtweise macht unglücklich, kommt leider häufig vor und wird selten hinterfragt. Unsere Mitmenschen sind nicht dafür verantwortlich, ob wir mit unserem Leben zufrieden sind oder nicht.

Geschichte zur Inspiration

Im Alter von fünfzig Jahren wurde ich arbeitslos und innerhalb von drei Monaten hatte ich mich bei mehr als dreißig Stellen beworben. Von den meisten Firmen erhielt ich keine Rückmeldung und jene, die sich die Mühe einer Absage machten, schrieben mir, dass ich überqualifiziert sei, was so viel bedeutet wie: zu alt und zu teuer. Nach drei Monaten war mir klar, mehr Energie in neuerliche Bewerbungen zu stecken hatte keinen Sinn. So wagte ich den Schritt in die berufliche Selbständigkeit und zwar im Bereich der Erwachsenenbildung. Diese kannte ich bisher nur von der Teilnehmerinnenseite und von meiner Ausbildung in Logotherapie und Existenzanalyse. Mich hat die Sinnlehre von Viktor E. Frankl begeistert, doch die Logotherapie beruflich auszuüben, daran hatte ich nie gedacht. Im Blick zurück kommt es mir fast wie ein Märchen vor. Im Märchen müssen die Helden, bevor sie glücklich bis an ihr Ende leben, jede Menge an Schwierigkeiten überwinden. Ganz ähnlich ist es im Leben.

Viktor E. Frankl und Ignatius von Loyola als Wegweiser

Der einzige Trost, der mir bleibt, ist darin gelegen, dass ich mit gutem Gewissen sagen kann, ich habe die Möglichkeiten, die sich mir boten, verwirklicht.[19]

Wir müssen sehr achthaben auf den Verlauf der Gedanken: Sind der Anfang, die Mitte und das Ende ganz und gar gut und auf ganz Gutes ausgerichtet, so ist dies ein Kennzeichen des guten Engels.[20]

Kaum jemand schaut auf sein Leben und sagt: Mir ist alles gelungen und es war alles wunderbar. In jedem Leben gibt es Höhepunkte und Niederlagen, Bruchstücke und Schicksalsschläge, die man lieber vergessen möchte. Damit sich Menschen nicht zu lange mit Selbstzweifeln quälen und im Vergangenen nur das Fehlende beklagen, ist es sinnvoll, auch auf das zu schauen, was gelungen ist. Sehr häufig verlangen verantwortungsbewusste Menschen von sich selbst ein möglichst fehlerfreies Leben. Die wesentlichen Dinge lernen wir allerdings aus Erfahrungen und nicht aus theoretischen Konstrukten. Diese Erfahrungen werden von manchen Menschen als sehr schmerzlich empfunden.

Ich erlebe immer wieder, dass es einen großen Irrtum in unserer Zeit gibt. Manche Menschen verlangen von sich etwas zu wissen, was sie noch nicht gelernt haben. Viktor E. Frankl

---

19 Frankl, Es kommt der Tag, da bist du frei, 93.
20 Ignatius, Geistliche Übungen, 109.

hat einen Mann, der mit seinen Schuldgefühlen nicht fertig wurde, gefragt: „Wenn Sie das, was Sie heute wissen, damals gewusst hätten, hätten Sie dann anders gehandelt?“

Darauf erwiderte der Mann: „Ja, natürlich!“

Viktor E. Frankl sagte zu ihm: „Ja, was wollen Sie dann mehr!“

Nicht das viele Wissen sättigt die Seele

Seit der Aufklärung wird dem logischen Verstand im Allgemeinen mehr Verständnis entgegengebracht als dem Gefühl. Wer in einem Umfeld aufgewachsen ist, in dem das Befolgen von Regeln mehr Gewicht hatte als das eigene Empfinden, wird sich schwerer tun als jene, die schon in jungen Jahren Seelennahrung in Form von Märchen, Geschichten und Musik erhalten haben.

Das seelische Erleben ist für unser Selbstverständnis von großer Bedeutung. Der österreichische Philosoph Ludwig Wittgenstein schrieb: „Wir fühlen, dass, selbst wenn alle möglichen wissenschaftlichen Fragen beantwortet sind, unsere Lebensprobleme noch gar nicht berührt worden sind.“ Winston Churchill meinte, dass kein materieller Fortschritt der Seele Ruhe bringen kann, und dies sei wunderbarer als alle wissenschaftliche Offenbarung. Richard von Weizsäcker, der ehemalige deutsche Bundespräsident, sprach davon, dass Wissen ohne Gewissen zur größten Gefahr für die Menschheit wird. Dem deutschen Philosophen Friedrich Schlegel verdanken wir die Erkenntnis aus dem 18. Jahrhundert: „Je mehr man schon weiß, desto mehr hat man noch zu lernen. Mit dem Wissen nimmt das Nichtwissen im gleichen Grade zu, oder vielmehr das Wissen des Nichtwissens.“ Das viele Wissen und der technische Fortschritt haben einen wesentlichen Anteil an unserer überwiegend guten Lebensqualität. Doch offensichtlich reicht dieses Wissen nicht aus, um Not, Hunger, Elend und Kriege zu verhindern.

Die Bedingungen in unserer Gesellschaft verlangen von zu vielen Menschen einwandfreies Funktionieren und rentable Nützlichkeit. Die Sichtweise des Funktionalen haben wir von den Maschinen übernommen, die auf Knopfdruck Befehle ausführen. Auf Knopfdruck eine Leistung zu erfüllen mag für Maschinen gelten, aber nicht für die Arbeit von und für die Begegnung mit Menschen. Gebote, Rezepte, Regeln und Normen helfen nicht, das Gefühl von Geborgenheit und Vertrauen spürbar werden zu lassen. Außerdem reichen sie auch nicht aus, sich zu begeistern und zu freuen. Tiefes Empfinden kann nicht mithilfe von „Wenn-dann-Strategien" erzeugt werden und es ist nach wie vor nicht möglich, das Zwischenmenschliche an Methoden zu delegieren. Das Gewusst-Wie ist zu wenig, wir brauchen mehr als Wissen.

Nicht das Vielwissen sättigt und befriedigt die Seele, sondern das Verspüren und Verkosten der Dinge von innen her. So lautet einer der meist zitierten Gedanken von Ignatius von Loyola. Was könnte nun das „Verspüren und Verkosten der Dinge von innen her" bedeuten? Was könnte uns helfen, um die Theorie des Ignatius besser zu verstehen? Zum „Verspüren" brauchen wir Zeit, Wahrnehmungsfähigkeit und Empfindsamkeit. Empfinden können erfordert langsam werden, eine Eigenschaft, die heute vielfach als Schwäche angesehen wird. Während wir von unserem Wissen meistens eine schnelle Lösung verlangen, sehnt sich die Empfindsamkeit nach Ruhe und Stille. Wer empfinden will, muss verweilen können, Geduld haben sowie Schwierigkeiten und sich selbst aushalten können. Der Zeitdruck stört nicht nur unsere Empfindsamkeit, sondern trägt dazu bei, dass wir die Sachlichkeit dem Fühlen vorziehen. Wie sehr das Fühlen stört, entdecken wir, wenn Schmerzen nicht zu bändigen sind. Weil uns der Schmerz am perfekten Funktionieren hindert, greifen manche Menschen zu schnell zu einem Schmerzmittel, um ungestört weiter arbeiten zu können.

Das innere Verspüren lässt uns wahrnehmen, welche Signale unser Körper sendet und was diese Wahrnehmung in uns auslöst. Das gilt für Lebensfreude ebenso wie für Traurigkeit, für Betroffenheit genauso wie für Leichtigkeit. Zu diesem inneren Gespür gehört auch das Erkennen, was mir wirklich guttut und meine Seele sättigt. In der Mystik gibt es den Begriff „attingere", der „berühren" oder „berührt werden" bedeutet. Wer oder was ist es, das mich berührt? Welcher Wert ergreift mich? Natur, Musik, Literatur, Malerei und vieles andere. Werden wir von Musik berührt, dann horchen wir und lassen zu, dass sie uns ergreift. Im Ergriffen-Werden erleben wir Momente der guten Passivität. Ist es etwas Göttliches oder ist es Musik? Dieses Erleben zeigt, dass wir das Berührt-Werden nicht „machen" können. Wir können uns ein Lied anhören, doch ob es uns belebt oder nervt, können wir nicht durch unseren Verstand bestimmen.

Ich rede gerne von der Logik des Herzens, vom Geist des Gefühls, von der Atmosphäre und von der Stimmung, in der Ergriffenheit geschehen kann. Bestimmt haben Sie schon Vortragende erlebt, die Wissenswertes so vermittelt haben, dass Sie gar nicht anders konnten, als gebannt der Stimme und den Worten zu lauschen. Ist es nicht so, dass man kein Wort versäumen möchte, weil dieser Mensch auf der Bühne so lebendig in seine Materie eintaucht? Wir erkennen in den Gedanken des Vortragenden eigene Erfahrungen. Dieses innere Spüren mag uns zwar manchmal aufwühlen, aber es weckt doch unser Interesse. Das Gegenteil wäre Wissensvermittlung ohne innere Beteiligung; sie ist blutleer, berührt nicht, trifft nicht das, wofür wir uns begeistern. Wir sehnen uns nach Menschen, die uns verstehen und manchmal das ausdrücken, wofür uns selbst die Worte fehlen. Es gibt Texte, bei denen taucht mitten im Zuhören oder Lesen der Gedanke auf: Woher weiß dieser Mensch, wie ich mich fühle?

Geschichte zur Inspiration

Im Tiroler Institut für Logotherapie bieten wir seit vielen Jahren eine Ausbildung zur logotherapeutischen Lebensberatung an. Menschen, die zu uns kommen, sind interessiert, nehmen sich Zeit und begegnen Gleichgesinnten. Am Ende haben alle Teilnehmer eine schriftliche Prüfung abzulegen. Bei den ersten Prüfungen war ich erstaunt, wie groß der Prüfungsstress der Leute war. Ich sprach mit einem Hirnforscher über dieses Phänomen. Er erklärte mir, dass es sehr viele Menschen gibt, die in ihrer Schulzeit keine guten Erfahrungen mit Prüfungen gemacht haben. Jene Erinnerungen – positiv wie negativ –, die hoch emotional aufgeladen sind, merkt sich unser Gehirn besonders gut. Wenn der Mensch in eine ähnliche Situation gerät, dann wecken die Nervenzellen im Gehirn automatisch die alte Erfahrung auf und damit ist der Stress ebenso intensiv wie zur Schulzeit. Auf meine Frage, welche Veränderungsmöglichkeiten ein Mensch hat, bekam ich zur Antwort: „Lass die Menschen eine andere Erfahrung machen." Ich änderte den Ablauf der Prüfungen und stellte den Teilnehmern die Fragen schon lange vor dem Prüfungstermin zur Verfügung. Alle nahmen sich die Zeit zum Austausch und bereiteten sich viel intensiver vor. Die Antworten wurden viel ausführlicher und genauer und die meisten entdeckten die Freude am Lernen ohne Stress. So ist es gelungen, nicht an theoretischen Formulierungen hängen zu bleiben, sondern sich selbst zu entwickeln.

Innere Spurensuche

- Weiß ich, was ich eigentlich will und wofür es sich für mich zu leben lohnt?
- Weiß ich, womit ich meine Seele so nähren kann, damit sie auch „satt" wird?
- Wann fällt es mir leicht, Ja zu meinem Leben zu sagen?
- Wenn die Dinge nicht nach Plan laufen, suche ich dann die Schuld zuerst bei mir oder bei anderen?

Viktor E. Frankl und Ignatius von Loyola als Wegweiser

Das Gefühl kann viel feinfühliger sein als der Verstand scharfsinnig.[21]

Nicht das Vielwissen sättigt und befriedigt die Seele, sondern das Verspüren und Verkosten der Dinge von innen her.[22]

Die Angst ist nicht feinfühlig und wenn sie das Kommando übernimmt, dann hat der scharfsinnige Verstand nichts mehr zu melden. Ich habe nicht nur die Wegweiser von Viktor E. Frankl und Ignatius von Loyola ernst genommen, sondern

21 Viktor E. Frankl, Der unbewusste Gott. Psychotherapie und Religion, München 1992, 28.

22 Ignatius, Geistliche Übungen.

auch die Erkenntnisse aus der Wissenschaft. Schon vor vielen Jahren haben uns die Hirnforscher mitgeteilt, dass unser Gehirn im Stress nicht denken kann, und deswegen hatte ich eine Atmosphäre geschaffen, in der die Teilnehmer am besten zeigen konnten, was sie sich in drei Jahren Ausbildung angeeignet haben. Manchmal sind es die Rahmenbedingungen, die verändert werden können, um Werte aufleuchten zu lassen und Sinn zu erleben.

Die Kraft, die aus der Tiefe kommt

In jedem Menschen wohnt eine Kraft, die von innen kommt und diese hat viel mit dem Vertrauen ins Leben zu tun, manche würden es Urvertrauen nennen. Es gibt dieses tröstende Geheimnis, das unzerstörbar ist.

Das funktionale Denken hat immer mehr von jenem Land Besitz genommen, welches wir als das Land des Humanen bezeichnen könnten. Sobald die Sichtweise von „Richtig und Falsch“ Meinungen und Gespräche zu regeln beginnt, verlieren wir im Zwischenmenschlichen das Wesen des Menschen aus den Augen. Diverse Motivationsbegründungen sprechen Menschen ihr ehrliches Engagement ab und Nützlichkeitsargumente reduzieren Menschen auf reine Funktionalität. Nehmen wir einmal an: Grete hat viel Zeit und Mühe für das Gelingen eines Geburtstagsjubiläums eingesetzt und es wurde für alle Beteiligten ein schönes Fest. Grete hat sich auch die Mühe gemacht, alte Fotos einzuscannen, passende Musik auszusuchen und ein humorvolles Gedicht zu schreiben. Später geht jemand auf Grete zu und sagt: „Das war ja ganz gut, aber das hast du nur gemacht, damit du im Mittelpunkt stehst!“ Diese Motivationsbegründung ist ein purer Verdacht und dieses Phänomen kommt gar nicht so selten vor.

Nützlichkeitsargumente lernen die meisten von uns in der Schule. In einigen Schulen werden noch immer „Lesekönige“ oder „Rechenkaiser“ belohnt. Für jene, die dann Könige oder Kaiser sind, mag das im Moment befriedigend sein. Doch wie fühlen sich die anderen Kinder, die in keiner Weise dümmer sind, aber längere Zeit benötigen, um eine Aufgabe zu lösen? Kein Mensch bleibt ein Leben lang auf der Seite der Sieger, und ich kenne auch niemanden, der immer auf der Verliererseite landet. Wir brauchen Menschen, die uns zeigen, wie man Schwierigkeiten auf unserem Lebensweg bewältigt oder beiseite schafft. Dazu brauchen wir die Kraft, die aus der Tiefe kommt.

Viktor E. Frankl hat vom Evidenzgefühl gesprochen. Das ist jene innere Gewissheit, die ohne großes Nachdenken überzeugt und die keine Beweise und Begründungen braucht. Das Evidenzgefühl, das Echte ist durch innere Überzeugung, vertrauensvolle Gelassenheit und unerschütterliche Ruhe im Menschen selbst spürbar. Diese Ruhe bleibt auch dann bestehen, wenn man seine tiefste Gewissheit mit keinem Menschen teilen kann. Das Wenn-dann verliert seine Gültigkeit in dem Moment, in dem ich mir vertraue. Es mag sein, dass Wehmut oder Traurigkeit diese Unbeirrbarkeit begleiten, doch zweifeln wird man nicht. Als Beispiel fällt mir Martin Luther ein. Vor dem Reichstag in Worms sollte Luther seine Lehre widerrufen, doch er blieb sich treu und trotzte der Kirche und dem Reich mit den Worten: „Got kumm mir zuhülf. Amen. Da bin ich."

Die Kraft, die aus der Tiefe des Lebens oder von Gott kommt, kann mir keine Macht der Welt rauben. Diese Kraft löst eine ganz eigene, unmittelbare Dankbarkeit aus, die keine Forderung von außen ist, sondern ein Bedürfnis, das von innen kommt. In diesen Augenblicken sehnt man sich nach einem Du, dem man danken kann, oder nach jemandem, mit dem man dieses Erlebnis teilen kann. Diese Kraft aus der Tiefe zeichnet noch ein Merkmal aus: Sie macht unser Herz offen für das Unvermeidliche. Das ist ein Geheimnis des Lebens, das wir nicht entziffern können. Wir können jedoch darüber staunen und uns freuen, dass kein „Aber" als Einspruch auftaucht und der Wunsch, dieses tiefe Empfinden erklären zu können, schwindet.

Diese Kraft aus der Tiefe ist kein Regenschutz, keine Beschichtung, an der Wassertropfen abperlen. Diese Energie veredelt Menschen mit Berührbarkeit, macht empfindsam und stärkt unsere Empathie und Liebesfähigkeit. Das ist der Bereich jener geistigen Dimension, die nicht mit dem Verstand zu erreichen ist. Viktor E. Frankl hat die „Trotzmacht des Geistes" als jene Fähigkeit beschrieben, die den Menschen stärker sein lässt als das, was ihn kleinzumachen droht.

Die Kraft dieser Tiefendimension ist mit der Fähigkeit verbunden, sich inspirieren zu lassen. Inspiration bedeutet, nicht sofort zu wissen, was richtig oder falsch ist. Inspiration weckt das Bewusstsein, dass es mehr gibt als mich und dass ich nicht alles aus eigener Kraft schaffen und leisten muss. Wir alle sind von Menschen umgeben, die leben wollen, die eigene Ideen und Interessen in sich tragen und diese, wenn möglich, auch umsetzen wollen.

Die „Trotzmacht des Geistes" ist eng mit der Kraft aus der Tiefe verbunden. Doch es ist nicht nur unsere eigene Kraft, auf die es ankommt. Manchmal entdecken wir diese geheimnisvolle Kraft als Zufall, der sich unserer Absicht, unserem Wissen und unserem logischen Verstand entzieht. Die geistige Dimension ist jenseits aller beweisbaren, erklärbaren, vergleichbaren und messbaren Modelle.

In einer Zeit, in der fast alles messbar, vergleichbar und beweisbar sein soll, erklären die Quantenphysiker: „Mit den Erkenntnissen der modernen Physik ist die Naturwissenschaft an einen Punkt gekommen, an dem sie sich von der Vorstellung verabschieden muss, dass sie alles erklären könnte. Die Grundlage der Welt ist nicht materiell, sondern geistig. Am

Anfang gibt es keine Hardware, sondern nur Software. Eine Software, die man nicht begreifen kann."[23]

Manchmal erleben wir Zufälle, die wir nicht begreifen und die uns auf eine eigene Weise ein Lächeln auf unser Gesicht zaubern.

Geschichte zur Inspiration

Mit Schmerzen zu leben habe ich gelernt und deswegen gebe ich nicht gleich auf. Eines Tages hielt mich nur mein Pflichtgefühl aufrecht, denn Arbeiten war kaum möglich. Eine Ultraschalluntersuchung brachte Klarheit: Meine Gallenblase musste entfernt werden und ich war auf die guten Hände eines Chirurgen angewiesen. Vorher wollte ich jedoch unbedingt die Buchhaltung fertig stellen und quälte mich fast einen Tag lang. Am Abend ging ich dann ins Krankenhaus. Zu dieser Zeit habe ich hin und wieder die Komplet gebetet, das Nachtgebet in der Stundenliturgie der katholischen Kirche. Als ich im Gebetbuch den passenden Wochentag fand, habe ich gelesen: „Mein Leib wird ruhen in Sicherheit." Mit einem Lächeln legte ich das Buch zur Seite und staunte. Es waren nur Worte. Zum Glück war mein Verstand nicht fähig, die Wirkung der Worte zu reduzieren. Die Wirkung war für mich zuerst unfassbar, dann tauchten Zuversicht auf und Vertrauen.

---

23 Hans Peter Dürr, Teilhaben an einer unteilbaren Welt, in: Gerald Hüther/ Christa Spannbauer, Connectedness. Warum wir ein neues Weltbild brauchen, Bern 2012, 19.

Innere Spurensuche

- Erinnere ich mich an Augenblicke, die schwierig waren und in denen mir „etwas" zufiel, was nicht in meiner Kraft stand?

Viktor E. Frankl und Ignatius von Loyola als Wegweiser

Frankl: Bei unserem letzten Gespräch wollten wir über jenes Phänomen sprechen, welches ich als „heilige Scheu" beschreiben möchte, eine Art Ehrfurcht vor dem Leben, ohne in ein übermäßiges Pathos zu kippen. Es betrifft jene Geschehnisse, die wir ersehnen, doch nicht selbst herbeiführen können. Kurz gesagt das Bewusstsein, dass es mehr gibt, als wir imstande sind zu begreifen.

Ignatius: Meinen Sie unser tiefstes Empfinden, das wir kaum beschreiben können? Falls wir es doch versuchen, bewegen wir uns an der Grenze zwischen Ergriffenheit und Sentimentalität. Ich verbinde mit dem Begriff „heilige Scheu" so etwas wie behutsamen Respekt und achtsame Distanz. Dies kann einer inneren Erfahrung gelten oder einem Menschen, der Schwieriges und Schweres bewältigt, und dennoch das „Lächeln des Trotzdem" nicht verloren hat.

Frankl: Sie beschreiben dies sehr treffend. Ich erinnere mich genau an jenen Tag im Krieg, als ich das Visum erhielt, um in die USA ausreisen zu können. Mit leisem Schaudern wurde mir bewusst, dass meine Eltern mit mir unter Deportationsschutz standen. Als Primar des Rothschild-Spitals in Wien war ich durch meine Tätigkeit als Arzt davor bewahrt, deportiert zu werden. Ich war in einem Dilemma und fragte mich, wo meine Verantwortung liegt. Bin ich für meine Eltern oder für mein geistiges Kind, die Logotherapie, verantwortlich? Ich dachte, es braucht einen Wink vom Himmel, und so ging ich in den Stephansdom, um zu meditieren. Aber das half mir nicht weiter. Zuhause angekommen begrüßte mich mein Vater und zeigte mir einen Stein, den er auf dem Terrain der zerstörten Synagoge gefunden hatte. Er erklärte mir, dass dieser Marmor Teil der Zehn-Gebote-Tafeln war, die über dem Altar in der Synagoge angebracht waren. Er konnte mir auch sagen, dass der eingravierte hebräische Buchstabe nur in einem der Zehn Gebote vorkomme, nämlich im vierten Gebot: Du sollst Vater und Mutter ehren. In diesem Moment habe ich das Visum verfallen lassen und bin in Wien geblieben.

Ignatius: Haben Sie diese Entscheidung bereut?

Frankl: Nein, ich habe in keiner Weise bereut, mich so entschieden zu haben. Es war für mich schlicht eine Frage der Verantwortung; niemand konnte mich davon entbinden.
Kennen Sie ähnliche Erfahrungen, also einen Hinweis, der einem die Entscheidung erleichtert, obwohl die Folgen nicht absehbar sind?

Ignatius: Ja, es war im März 1522. Ich war auf dem Weg nach Barcelona und in Gedanken beschäftigte ich mich damit, wie ich in Zukunft als Christ leben sollte. Ich traf einen Mann, wir ritten eine Weile nebeneinander her und sprachen über religiöse Dinge. Mich regten die Aussagen des Mannes auf und ich ärgerte mich so sehr, dass ich mich nur mit Mühe beherrschen konnte. Ich war so wütend über seine Aussagen, dass ich fähig gewesen wäre, ihn zu verprügeln. Als wir an eine Weggabelung kamen, dachte ich mir, dass es klüger sei, dem Esel die Entscheidung zu überlassen, in welche Richtung ich weiterreiten soll. Zum Glück nahm der Esel eine andere Richtung als der Mann und ich ritt weiter zum Wallfahrtsort „Unsere Liebe Frau von Montserrat“. Dort betete ich lange – so begann mein intensiver Prozess in ein anderes Leben.

Vom Segen, der das Leben nährt

Segnen heißt im Lateinischen „benedicere“, das bedeutet wörtlich: Gutes sagen. Manchmal fehlen Zeit und Möglichkeit, Gutes zu sagen, oder die Kraft dazu. Der Segen, der das Leben auch nähren kann, bedeutet, anderen zu sagen, dass es gut ist, dass sie da sind. Wie gut die Gegenwart eines anderen Menschen tut, haben wir in unterschiedlichen Lebenslagen bereits erlebt. Die Anwesenheit eines Menschen kann für uns zum Segen werden.

Mitfreuen als Ausdruck des Segens

Sich mit anderen freuen zu können mag manchen Menschen schwerer fallen als mitzuleiden. Vielleicht hängt es damit zusammen, dass andere ihr Leben so gestalten wie ich es gerne tun würde. Mitfreuen können ist eine Form von Liebesfähigkeit und zwar jene, die auf das Besitzen verzichten kann. Mitfreuen hat auch damit zu tun, sich bewusst zu werden, wer wir selbst sind und wie viel wir selbst erreicht haben. Unser Spürsinn für Freude wird von Zufriedenheit und Dankbarkeit genährt.

Segen als Möglichkeit zum Innehalten

Der Segen mag manchmal die Kraft zum Durchhalten sein, z. B. die Arbeit an einem bestimmten Projekt, sich auf eine Prüfung vorzubereiten oder den Abstellraum aufräumen. Nicht nur große Herausforderungen verlangen nach Segen, sondern auch täglich wiederkehrende Tätigkeiten.

Ein anderes Mal ist es ein Segen, den Mut aufzubringen, der Erschöpfung nachzugeben. Hier kann sich Innehalten und gründliches Nachdenken zum Segen auswirken. Hat sich ein Mensch an Herausforderungen, die sich allmählich in Überforderungen verwandelt haben, gewöhnt, wird eine Pause nicht mehr als hilfreich empfunden, sondern nervt. In den Überforderungen ist das Müssen so selbstverständlich geworden, dass das Mögen nicht mehr empfunden werden kann. Manche Menschen meinen, Ruhepausen seien ein Luxus, den sie sich nicht leisten können.

Der Segen, der das Leben nährt, kann manchmal in Form einer Erschöpfung auftreten, und zwar dann, wenn die Müdigkeit so groß wird, dass einem nichts anderes bleibt als auszuruhen. Viele Menschen kennen jene Müdigkeit, mit der man den Tag mühevoll bewältigt, am Abend vor dem Fernseher einschläft und am Morgen nur halb ausgeruht den neuen Tag beginnt. Der Trubel des Geschehens erschwert die Wahrnehmung. Wer diese Begebenheit von außen betrachtet, sieht mehr, und wir brauchen mitfühlende und verständnisvolle Menschen, die mehr sehen als wir selbst.

Die Begegnung mit jemandem, der den Mut zur unbequemen Ehrlichkeit hat, kann zum Segen werden. Wir brauchen einen Menschen, der uns beisteht und den Mut hat, uns an das zu erinnern, wofür es sich zu leben lohnt.

In Momenten des Nicht-Tuns ist es möglich, eine unverhoffte Kraft in uns zu entdecken, die uns lebendig werden lässt. Nämlich jene Gewissheit, dass alles in mir da ist, was ich brauche, um meine kleine Welt wieder in Ordnung zu bringen. Die fatale Mischung aus Angst, Selbstzweifel und Ausweglosigkeit schwindet, wenn man den Segen des Daseins erkennt. Dieser Segen heißt: Ich mache jetzt gar nichts, ich sorge mich nicht, ich denke nicht, was sein wird, ich atme und sonst mache ich nichts. In Zeiten der Verzweiflung brauchen wir segensreiche Menschen, die uns an das Wesentliche erinnern, denn das können wir uns nicht selbst sagen.

Wir dienen dem Leben in vielen Bereichen mehr durch das, was wir sind, als durch das, was wir tun. Viel zu selten ist uns das bewusst. Jeder Mensch trägt die Fähigkeit in sich, andere zu segnen. Dazu braucht es Verständnis für die Lebenslage des Mitmenschen und die Bereitschaft zuzuhören. Es ist sehr sinnvoll, auf Hinweise zu verzichten, die erklären, was zu tun gewesen wäre, um nicht dort zu landen, wo man gelandet ist. Indem wir das Leben segnen, kommen wir uns selbst und anderen näher.

Segen ist respektvolle Toleranz

Die meisten Menschen sehnen sich nach Zuneigung. Der Wunsch, als Mensch in seinem Wesen gesehen zu werden, ist elementar. Natürlich lebt unser Miteinander nicht nur von Wertschätzung und Zuwendung, sondern auch von wohlwollenden Einwänden und konstruktiver Kritik. In einigen Bereichen ist eine Kultur der Kritik dringend notwendig, denn in oberflächlicher Empörung und aufsässiger Kritik haben es zu viele in unserer Gesellschaft weit gebracht.

Im Unglück einen Menschen an der Seite zu haben, der die Kunst zu trösten versteht, ist ein Segen. Getröstet werden bedeutet verstanden werden, und allmählich ist man selbst fähig, den nächsten Schritt zu tun. Viel von diesem Trost finden wir in der Musik, z. B. in alten Volksliedern, in Kantaten oder in Liedern mit tiefsinnigen Texten.

Im Unglück soll der Mensch Mitmenschen finden,
die sich mit seiner Traurigkeit verbinden.
Ob er sie selbst verschuldet hat, ob nicht,
da gilt es nicht zu rechten oder richten,

da soll man auf's Verzeihen nicht verzichten,
da ist man einfach da und zwar schön dicht.[24]

Wir segnen unsere Freundschaften durch Zuwendung, Mitgefühl, Großzügigkeit und Verzicht. Wer großherzig leben kann, also eine besondere Art der Freigiebigkeit in menschlichen und materiellen Dingen pflegt, bereichert andere mit seinen Gaben und segnet die Welt.

Nicht immer ist eine Freundin oder ein Freund anwesend und deshalb lohnt es sich, eine persönliche Schatztruhe anzulegen. Neben der Musik können dies Gedichte und Bücher sein, Bilder und Fotografien sowie Gebete und Briefe.

Geschichte zur Inspiration

Meine Mutter hatte außerhalb der Familie nie viele Kontakte und lebte sehr zurückgezogen. Ihr Interesse galt ihren Enkelkindern und mir. Sie hatte sich die Fähigkeit des Mitfreuens hart erarbeitet und fand für ihr Leben viel Tröstliches in der Musik. Einmal pro Woche besuchte ich sie und ich nahm mir Zeit, ihr zuzuhören, und sie verwöhnte mich mit ihrem unvergesslichen Apfelstrudel. Im Gespräch war es ihr nicht immer möglich, das auszusprechen, was mir wohl getan hätte. Sie hielt Distanz, wenn ich sie spontan umarmen wollte. Doch ihre Gabe, Briefe zu schreiben, war wunderbar und diese Fähigkeit hat sie ein Leben lang gepflegt. Briefe können zum Segen mit Langzeitwirkung werden, sofern man sie aufbewahrt. So kann ich heute lesen, was mir meine Mutter vor neunzehn

24 Kurt Demmler, Kerzenlieder, CD, 1999, Buschfunk.

Jahren geschrieben hat: „Danke für deine Gabe, auch in fast aussichtslosen Stunden immer noch ein ermunterndes Wort zu finden."

Viktor E. Frankl und Ignatius von Loyola als Wegweiser

Durch dieselben Ereignisse wird der eine seelisch abgehärtet, während ein anderer „seelisch ausgebombt" wird.[25]

Schließlich nenne ich Trost jeglichen Zuwachs an Hoffnung, Glaube und Liebe und jede innere Freude, die zu den himmlischen Dingen und zum eigenen Seelenheil aufruft.[26]

Einer der größten Vorzüge meines Lebens ist der Friede in unserem Land, in dem ich aufwachsen durfte. Ich weiß nicht, ob ich tatsächlich begreife, welcher Segen das für mein Leben ist. Im Unterschied dazu erlebte meine Mutter die Zeit des Zweiten Weltkrieges. Oftmals hätte ich mir mehr spürbare Nähe von ihr gewünscht. Die Erfahrungen ihres Lebens haben ihr seelisch zugesetzt, doch die Anwesenheit ihrer Enkelkinder haben ihr sicherlich Trost und Hoffnung geschenkt.

---

25 Viktor E. Frankl/Alexander Batthyany/Karlheinz Biller/Eugenio Fizzotti, Viktor E. Frankl – Gesammelte Werke Band 2/Psychologie des Konzentrationslagers. Synchronisation in Birkenwald, Wien 2006, 239.

26 Ignatius, Geistliche Übungen, 105.

Den Bildern nicht mehr entsprechen

Wer auf sein Leben zurückblickt, wird im Erinnern einigen Menschen begegnen, die eine Art Leuchtturm gewesen sind. Leuchttürme stehen in der Nähe des Ufers oder am Festland und schicken ihr Licht in die Dunkelheit. Leuchtturmmenschen inspirieren, bereichern, ermutigen und bestärken. Die Erinnerung wärmt und öffnet unser Herz und so, wie Gutes auftaucht, meldet sich auch weniger Erfreuliches.

Ziemlich sicher löst das Erinnern an einige Begegnungen Ärger oder Zorn aus, vielleicht gibt es einen Stich im Herzen und eine leise Traurigkeit umfängt uns. Wir trauern nicht nur um das, was aufgrund eines Missverständnisses geschehen ist, sondern auch um das, was anderes möglich gewesen wäre. Das Sich-nicht-verstehen-können, die Missstimmung, verbinden wir mit bestimmten Ereignissen, Orten oder Menschen. Eine Straße, ein Café, ein Urlaubserlebnis, ein Weihnachtsfest weckt ganz plötzlich längst Vergangenes auf. Dies gilt für fröhliche ebenso wie für schmerzliche Ereignisse und wir können dieses unmittelbare Erinnern nicht verhindern. Es gibt Augenblicke im Leben, die möchte man gänzlich ungeschehen machen oder aus dem Gedächtnis löschen. Die biologische Grundausstattung unseres Gehirns lässt dies nicht zu. Erlebnisse sind im Gehirn gespeichert und mit sinnlichen und emotionalen Erfahrungen, mit Bildern, Gerüchen, Gefühlen und Geräuschen verknüpft. Erinnerungen, die unter die Haut gingen, also von intensiven Gefühlen begleitet waren, können wir nicht löschen. Sie leben auf und können nicht verhindert werden. An Erlebnisse, welche intensive Gefühle ausgelöst haben, erinnern wir uns ein Leben lang und das gilt für freudige und schmerzvolle. Körperliche Schmerzen bedeuten ebenso Stress wie seelischer Schmerz. Übrigens kennt unser Gehirn keinen Unterschied zwischen körperlichen oder seelischen Verletzungen. Wir können die Macht dieser inneren Bilder nicht abstellen, doch wir können sie gestalten.

Renate legt überwiegend auf Äußerlichkeiten wert und ihr Urteil über andere misst sie an diesen Merkmalen. Franziska schätzt die tieferen Schichten eines Menschen, die nicht auf den ersten Blick erkennbar sind, wie Lebendigkeit, Einfühlungsvermögen und Mitgefühl. Begegnen sich die beiden, spürt Franziska, wie Renate sie von oben bis unten mustert. Sie kommt sich wie in einem Scanner vor und für Franziska ist dieses Begutachtet-Werden unangenehm. Atmosphärisch spürt sie, sie entspricht nicht dem Bild, welches sich Renate von ihr gemacht hat und immer wieder bekommt sie von Renate Hinweise, wie sie ihr Aussehen verbessern könnte. Ob es am unterschiedlichen Klang der Seelen liegt, welcher die Wahrnehmung, wie etwas gemeint ist, verhindert? Ob sich die Sehnsucht nicht stillen lässt, weil man von anderen zu viel erwartet? Fragen und mögliche Antworten bleiben Fragment, da es in der Begegnung zwischen Menschen einen Bereich gibt, der mit Sprache nur unzureichend erfasst und ausgedrückt werden kann.

Über unsere Verstandesebene können wir uns klar machen, dass Kommunikation nur mit dem Wohlwollen anderer gelingt. Wohlwollen bedeutet: zuhören, mitfühlen, einfühlen und ein Minimum an Verständnis für mein Gegenüber. Dennoch bleibt unsere Sprache begrenzt. Mit Worten können wir viel klären, doch niemals können wir mit ihnen alle Unklarheiten beseitigen. Wir scheitern immer wieder an bestimmten Bildern, an Vorstellungen, die wir uns von anderen und von uns selbst machen. Innere Bilder sind wie eine Landkarte in unserem Gehirn und diese eingeprägten Bilder bestimmen unser Zusammenleben mehr als uns bewusst ist.

„Ich liebte meine Mutter auf meine Weise, sie wollte auf ihre geliebt werden." Dieser Gedanke ist im Brechthaus in Augsburg zu lesen. Nicht nur die Mutter von Bertolt Brecht wollte von ihrem Sohn gesehen und auf ihre Weise geliebt werden, dieser Wunsch beseelt viele Mütter und Väter. Auf der anderen Seite sehnen sich Kinder auf ihre Art nach Zuwendung. Der Dichter Rainer Maria Rilke schildert seine Sehnsucht nach der Zuwendung seiner Mutter in einem Gedicht:

Ach wehe, meine Mutter reißt mich ein.
Da hab ich Stein auf Stein zu mir gelegt,
und stand schon wie ein kleines Haus, um das sich groß der Tag bewegt, sogar allein.
Nun kommt die Mutter, kommt und reißt mich ein.
Sie reißt mich ein, indem sie kommt und schaut.
Sie sieht es nicht, dass einer baut.
Sie geht mir mitten durch die Wand von Stein.
Ach wehe, meine Mutter reißt mich ein.
Die Vögel fliegen leichter um mich her.
Die fremden Hunde wissen: das ist der.
Nur einzig meine Mutter kennt es nicht,
mein langsam mehr gewordenes Gesicht.

Von ihr zu mir war nie ein warmer Wind.
Sie lebt nicht dorten, wo die Lüfte sind.
Sie liegt in einem hohen Herz-Verschlag
und Christus kommt und wäscht sie jeden Tag.[27]

---

27 Rainer Maria Rilke, geschrieben 1915 in München.

Solange wir auf Fürsorge angewiesen sind, weil wir noch zu klein sind, um uns selbst zu versorgen, ist Zuwendung ein Grundbedürfnis und Menschenrecht. Sind wir erwachsen und selbst für unser Leben verantwortlich, tut uns das Gesehenwerden immer noch gut und wärmt unsere Seele. In aller Nüchternheit betrachtet sind wir jedoch nicht mehr davon abhängig, ob andere die menschlichen Qualitäten in uns sehen oder überwiegend unser Äußeres oder unseren beruflichen Erfolg bewerten. Heutzutage hat das Bewerten nach Aussehen und Leistung bereits im Kindergarten Einzug gehalten und diese Verzweckung reduziert kleine und große Menschen auf Statussymbole und Nützlichkeit. Respekt vor den Forschungsergebnissen eines Wissenschaftlers zu haben oder vor der Ausdauer eines Spitzensportlers ist nicht gleichbedeutend mit der Wertschätzung, die man dem Menschen selbst entgegenbringt. Wertschätzung drückt sich in der Zuneigung und Zuwendung aus, sie kann nicht durch Leistung oder Geld ersetzt werden.

Wir brauchen ein Bewusstsein für das spezifisch Humane und die Erkenntnis, dass Beziehungsfähigkeit eine andere Sichtweise erfordert als unbedingtes Erfüllen von Vorgaben. Einfühlungsvermögen, soziales Engagement und Verständnis für anders Denkende und anders Handelnde brauchen Übung. Diese besteht darin, dass wir uns von den Bildern verabschieden, die wir uns von Menschen und von uns selbst gemacht haben. Während Verliebtheit blind macht, stattet uns Liebesfähigkeit mit sehenden Augen aus. Das Wunderbare an der Liebe ist, dass sie uns das Lebendige erkennen lässt und den Wert, den der Mensch für uns hat. Liebesfähigkeit hilft, uns von Bildern zu verabschieden, die einengen und uns am Leben hindern. Halten Mutter oder Vater am Bild fest, welches sie sich von ihren Kindern gemacht haben, kann dies einen langen Weg zur Befreiung bedeuten. Aufgrund der Sehnsucht geliebt zu werden, entsprechen viele Menschen lieber dem Bild, das sich andere von ihnen gemacht haben. Man kann Menschen lieben, weil sie uns am Herzen liegen oder weil sie dem Bild entsprechen, das wir von ihnen haben. Um sich selbst nahe zu kommen und sich zu finden, brauchen wir ein Bewusstmachen, was die fremden Bilder mit und aus uns machen. Ein Perspektivenwechsel ist notwendig. Werte haben die Kraft, uns zu diesem Perspektivenwechsel zu zwingen. Nicht das Bild, dem ich entsprechen will, führt Regie, sondern der Wert, für den ich mich entschieden habe, bindet mich an sich. Für das „Hüten" von Wertvollem brauchen wir Offenheit, Mut und Zeit, um wahrzunehmen, was uns ergreift, was uns berührt. Dazu kommt eine realistische Sichtweise, die uns mit einer gesunden Schutzfunktion ausstattet. Nicht nur unsere Lebenszeit ist begrenzt, auch die Menge und die Dauer unserer Leistungskapazität im aktuellen Tagesgeschehen.

Geschichte zur Inspiration

Meine berufliche Selbständigkeit im Alter von fünfzig Jahren war ein Sprung ins kalte Wasser. Es wurde ein wenig wärmer, als mir mein geschätzter Lehrer die Möglichkeit bot, Vorträge und Seminare für ihn zu organisieren. Fast fünf Jahre hielt ich meinen Einsatz für selbstverständlich und trug auf diese Weise einiges zu jenem Bild bei, das er und andere sich von mir gemacht hatten. Dankbarkeit gehört zu meiner seelischen Grundausstattung und ich stürzte mich mit großem Engagement in die Arbeit. Meine Begeisterung galt der Gestaltung einer Homepage mit aussagekräftigen Texten und diese Tätigkeit war ein Alleingang am Schreibtisch. Der Zuspruch war groß und ich hatte nicht nur im administrativen Bereich, sondern vor allem inhaltlich viel gelernt. Irgendwann wollte ich nicht nur für Rahmenbedingungen sorgen, sondern mich auch thematisch einbringen. Außerdem wollte ich nicht mehr dem Bild entsprechen, dankbar für die Möglichkeit des Organisierens zu sein. Jahrelang machte ich mir vor, ausgebuchte Veranstaltungen seien leicht zu schaffen. Eine halbwegs ansprechende und informative Homepage forderte eine enorm große Menge an technischem Können, Denkarbeit, Kreativität und Zeit. Meiner eigenen Kraft war ich mir nur unzureichend bewusst und deshalb habe ich andere überschätzt. Vielleicht fand ich nicht die richtigen Worte, vielleicht war es einfach an der Zeit, eigene Wege zu gehen. Damals ist es mir nicht gelungen, eine Atmosphäre zu schaffen, in der ich zeigen konnte, dass ich neben meinen organisatorischen Fähigkeiten mehr „drauf" hatte. Mein Erinnerungsbild prägt die Dankbarkeit für die Möglichkeit, die mir geboten wurde und die ich ergriffen habe.

Innere Spurensuche

- Was lösen Enttäuschungen – privat oder beruflich – in mir aus?
- Woran erkenne ich, dass ich einem Bild entspreche, das sich andere von mir gemacht haben?
- Regen sie mich zum Nachdenken oder eher zum Anklagen an?
- Wie geht es mir, wenn ich einen Wert, der mir am Herzen liegt, nicht mit anderen teilen kann?

Viktor E. Frankl und Ignatius von Loyola als Wegweiser

Meine Freiheit vom Sosein erfasse ich in der Selbstbesinnung; meine Freiheit zum Anderswerden ergreife ich in der Selbstbestimmung. Die Selbstbesinnung erfolgt nach dem delphischen Imperativ: „Erkenne dich selbst!"; die Selbstbestimmung geschieht nach dem Wort von Pindar: „Werde, der du bist!"[28]

In Nüchternheit zu sehen, was verbindet und was trennt, nach den Gründen zu suchen und auch kritisch zu hinterfragen, gehört zur intellektuellen Redlichkeit.[29]

Mein Arbeitseifer war vom Bild meiner Dankbarkeit geprägt und ich hielt meinen Einsatz für selbstverständlich. Das erlebte Gemeinschaftsgefühl war belebend, meine Dankbarkeit bekam neue Nahrung und ich verlangte von mir immer mehr. Die Nüchternheit der ignatianischen Spiritualität war in dieser Zeit besonders segensreich. Das Hinterfragen, was verbindet und was trennt, führte mich in die Selbstbesinnung, die letztlich in die Selbstbestimmung überging.

28 Frankl, Der leidende Mensch, 145.

29 Bernhard Knorn, in: Willi Lambert, Von Ignatius inspiriert, Würzburg 2011, 33.

Ernsthaftigkeit belebt und bereichert

Seit ungefähr vierzig Jahren ist das verbreitetste Lebensmotto der westlichen Gesellschaft: Hauptsache Spaß. Es gibt einen Triumph der Oberflächlichkeit, der alles, was mit Mühe zusammenhängt, ablehnt. So betrachtet, klingt der Begriff Ernsthaftigkeit antiquiert und nicht gerade einladend. Wir werden entdecken, dass Ernsthaftigkeit Freude schenken kann und nicht gleichzusetzen ist mit Starrsinn und Verbissenheit. Die meisten Werte haben einen Preis, doch nicht alle sind käuflich zu erwerben. Wer gerne gut essen geht, sucht sich ein Lokal, in dem er sich wohl fühlt und die Speisen den Preis wert sind, den er dafür bezahlt. Wir bezahlen jedoch nicht nur für den Wert der Lebensmittel, sondern auch für die Mühe, welche das Küchenpersonal dem Kochen widmet. Kartoffelschälen fordert Mühe und wenig kreative Ideen. Das Kreative steckt im Detail. Die Ideen des Kochs oder der Köchin finden deren Ausdruck in der liebevollen Zubereitung. Wir bezahlen nicht nur für die Ware, sondern wir spüren, ob jemand sein Handwerk versteht und dies auch mit Freude vollbringt. Wir nehmen den Unterschied zwischen Dienst nach Vorschrift und Freude an der Arbeit wahr. Im Tätigsein Freude zu erleben – obwohl es Mühe ist –, darin liegt der Sinn. Wer in seiner Arbeit vor allem die Anerkennung oder das Ergebnis im Blick hat, ist wie ein Tennisspieler, der auf die Anzeigetafel schielt, anstatt sich auf den Ball und das Spiel zu konzentrieren. Es ist an der Stimmung abzulesen, ob jemand seine Arbeit liebt oder ob er in erster Linie sich selbst zur Geltung bringen will. „Wer sich zur Geltung bringen will, der bringt sich um den Erfolg, denn ‚man merkt die Absicht und man ist verstimmt': man hat den ‚Streber nach Geltung' durchschaut."[30]

Das Schielen nach Geltung finden wir auch bei einigen Menschen, die aufgrund ihres Berufes in der Öffentlichkeit stehen. Geltenwollen aufgrund eines Bekanntheitsgrades oder Machtgehabe aufgrund eines äußeren Amtes ist etwas völlig anderes als die Kraft, die von einer inneren Ergriffenheit ausgeht.

Nicht nur unsere Arbeit wird durch Ernsthaftigkeit bereichert. Echte menschliche Beziehungen setzen unserer Beliebigkeit Grenzen und so kann Freundschaft wachsen. Wir können nicht allen Menschen in gleicher Weise nahe sein und wir können nicht mit allen unsere Interessen teilen. Freundschaft lebt von der Freude und Dankbarkeit über das Dasein des anderen. Sie wird belebt durch Aufmerksamkeit in kleinen Dingen und vor allem durch das Teilen gemeinsamer Interessen. Zeit, die wir einander schenken, bereichert unser Leben und es hängt von unserer Einstellung ab, wie wir Menschen, die uns am Herzen liegen, begegnen.

Der Mangel an Ernsthaftigkeit ist auch ein Mangel des Fühlens und der Bereitschaft, sich zu engagieren. Wir sollten die Ernsthaftigkeit beleben, die das Wertvolle der jeweiligen Sache erkennt. Ohne sich ernsthaft einer Arbeit zu widmen, stellt sich Sinnerfüllung nicht ein. Menschen, welche nur am Oberflächlichen interessiert sind, fragen in erster Linie: Was habe ich davon? Sie reduzieren Arbeit auf rentable Nützlichkeit, Freizeit auf Spaß und sportliche Betätigung auf das Besser-sein-als-andere. Diese Reduktion führt dazu, dass wir den Geschmack am Leben verlieren.

---

30 Viktor E. Frankl/Alexander Batthyany/Karlheinz Biller, Viktor E. Frankl – Gesammelte Werke Band 5/Psychotherapie, Psychiatrie und Religion. Über das Grenzgebiet zwischen Seelenheilkunde und Glauben, Wien 2018, 296.

Solange wir danach streben zu siegen, solange denken wir nicht auf menschlicher Ebene. Es ist ein Naturgesetz, dass sich der Stärkere durchsetzt. Das Gesetz des Stärkeren gilt auch für den Kapitalismus. Dieser beruht auf dem Wettbewerb und der Motor des Wettbewerbs ist Egoismus und Geldvermehrung. Die Kultur des Menschseins zeigt sich demgegenüber im Interesse an unseren Mitmenschen, in der aufrichtigen Sorge für andere und am Mitgefühl für jene, die am Rande stehen.

Ernsthaftigkeit bedeutet auch, die Mühe auf sich zu nehmen, die Werte erfordern. Ob es um die Einhaltung eines Termins im beruflichen Umfeld geht oder es sich um das rechtzeitige Kaufen einer Konzertkarte handelt, beides verlangt nach meinem Tätigwerden. Manchmal sind wir einem Funkenflug von Ideen ausgesetzt und wir können niemals alle guten Ideen in die Tat umsetzen. Doch einige von diesen leuchtenden Einfällen können wir verwirklichen. Am Anfang steht immer eine Idee, die etwas Wertvolles in die Tat umsetzen will. Dann beginnt die Umsetzung, indem wir tätig werden. Manchmal tut es gut, Ideen mit anderen zu teilen, um sich ernsthaft und beständig einer guten Sache zu widmen.

Irgendwann kommt der Zeitpunkt, an dem kreative Ideen weniger werden, die Begeisterung abnimmt und die Umsetzung mehr fordert als erwartet. Dann gilt es sich zu fragen: Erfüllt mich das, was für mich erstrebenswert war, noch immer? Gilt es einen Tiefpunkt zu überwinden? Oder geht es vielleicht darum, sich von einem Wert zu verabschieden, der seine Gültigkeit verloren hat? Diese Fragen bringen die Ernsthaftigkeit ins Spiel des Lebens.

Werte verlangen uns etwas ab, kein Zuviel, jedoch bringen sie uns manchmal an die Grenzen unserer Möglichkeiten. Wer seine Grenzen zu eng steckt, erlebt das Glücksgefühl des Gelingens nicht. Das Leben fordert uns immer wieder heraus und wir können immer wieder neu mit unseren persönlichen Fähigkeiten antworten, die uns im Augenblick zur Verfügung stehen.

Geschichte zur Inspiration

Menschen mit Logotherapie zu inspirieren und sie zu ermutigen, begeistert mich schon lange. 2012 veranstalte ich mit meinem Team einen Kongress zum Thema „Begeisterung". Ich hatte verschiedene Referenten eingeladen und für jeden ein Gedicht ausgewählt, welches zur jeweiligen Persönlichkeit passte. Gedichte von Goethe, Kästner, Rilke und anderen habe ich auswendig gelernt und mit einem leidenschaftlichen Theatermenschen etliche Stunden an der Ausführung gearbeitet.

Für einen Referenten, der in mir aufgrund seines Wissens nicht nur Respekt, sondern mehr Lampenfieber verursachte als mir lieb war, hatte ich ein Gedicht von Carl Zuckmayer ausgewählt. Erst vor Ort spürte ich, dass diese Verszeilen nicht zum Vortrag des Referenten passten. Ich fragte meinen Theatermenschen, ob ich Goethe oder Rilke nehmen solle. Er hörte sich beide Texte an und meinte: „Wenn du auf die Bühne gehst, wirst du wissen, welcher für den Professor passt." Diese Aussage erhöhte meine Spannung und für einen kurzen Moment war ich am Verzweifeln. Dann blieb mir nichts anderes übrig, als zu vertrauen, dass mir das „Richtige" zufallen werde. Als ich dann vor dem vollen Saal stand und dem Referenten in die Augen schaute, waren die Zweifel verschwunden. Ich hatte mich spontan für Goethe und ein Zitat aus seinem Faust entschieden.

Innere Spurensuche

- Gibt es etwas, das mich so gefangen nimmt, dass ich die Zeit vergesse?
- Kenne ich Momente, in denen ich sagen kann: Ich bin zufrieden mit mir?
- Kann ich mich über meinen Einsatz freuen, trotz mangelnder Zustimmung anderer?

Viktor E. Frankl und Ignatius von Loyola als Wegweiser

Zum Wesen des Menschen gehört das Hingeordnet-, Ausgerichtetsein, sei es auf etwas, sei es auf jemanden, auf eine Idee oder auf eine Person. Ganz Mensch ist der Mensch eigentlich nur dort, wo er ganz aufgeht in einer Sache, ganz hingegeben ist an eine andere Person. Und ganz er selbst wird er, wo er sich selbst übersieht und vergisst.[31]

Und es gibt das Wesensband: Was mich bestimmt, das ist eins mit meinem Wesen; es ist mir ganz und gar innerlich und prägt mich in allem „Äußeren" mit. Es ist das stärkste aller Bande.[32]

---

31 Frankl, Ärztliche Seelsorge, 201.

32 Paul Imhof, Gott glauben. Grundkurs ignatianischer Spiritualität, St. Ottilien 1992, 224.

Kreative Ideen wahrzunehmen und sie auch umzusetzen schenkt meiner Arbeit das Besondere. Ich lasse die Ideen im Stillen reifen, freue mich auf das, was mir einfällt, und widme dem Ganzen Zeit zur Umsetzung. Es ist genauso, wie der kleine Prinz sagt: „Die Zeit, die du für deine Rose gegeben hast, macht deine Rose so wichtig." Beim Lesen der Gedichte vergeht die Zeit wie im Flug und ich vergesse sie tatsächlich. Ich gebe Jean Paul recht, wenn er meint: „Man muss seine Ideen verwirklichen, sonst wuchert Unkraut darüber."

Das Selbstverständliche ist nicht selbstverständlich

Seit 1948 gibt es die Charta der Menschenrechte. In dreißig Artikeln wird u. a. Religionsfreiheit und Meinungsfreiheit beschrieben sowie das Recht auf Leben, Recht auf Bildung und Arbeit und auf körperliche Unversehrtheit. Im Grunde geht es um das Ideal einer gerechten Gesellschaft. Die Einhaltung der Menschenrechte hängt vom Land ab, in dem man lebt. Im Jahr 2017 wurde laut dem Bericht der UNO in 141 von 193 Ländern, welche die Charta der Menschenrechte unterschrieben haben, systematisch gefoltert und misshandelt und Minderheiten ausgegrenzt.

Es ist keineswegs selbstverständlich in einem Land zu leben, in dem man in Freiheit und ohne Bedenken seine Meinung äußern kann. Unser Trinkwasser hat eine ganz besondere Qualität, der Zugang zu Bildung ist gewährleistet und außerdem gibt es eine große Vielfalt an kulturellen und sportlichen Angeboten. Sich diese Tatsachen bewusst zu machen könnte die Bereitschaft stärken, behutsamer mit diesen Werten umzugehen oder sich dort zu engagieren, wo einiges im Argen liegt.

Wir bewundern Menschen, die Außergewöhnliches leisten und geleistet haben. Ob es sich um die Nachbarin handelt, die seit mehr als dreißig Jahren ihren Sohn pflegt, um den Mann, der trotz schwieriger Arbeitsbedingungen nie jammert, oder um Menschen, die sich in einer Bürgerinitiative engagieren: Wir ziehen in Gedanken den Hut vor ihnen. Vielleicht streift uns auch kurz ein Gedankenblitz, wie wir selbst mehr zu einem sozialen Miteinander beitragen könnten. Z. B. werden diese Ideen genährt, wenn man eine Sendung zum 100. Geburtstag von Nelson Mandela sieht. Vielleicht wird man auch durch den Film „Die göttliche Ordnung" aufmerksam, dass beispielsweise das Frauenwahlrecht früher keine Selbstverständlichkeit war. Etliche Errungenschaften verdanken wir Frauen, die vor uns gelebt haben. Ist es der Schrei nach Gerechtigkeit oder Begeisterung, die aus einem beflügelten Geist die Kraft zum Handeln entstehen hat lassen? Das Leben in allen Dingen finden bedeutet auch mutig zu sein und gegen den Strom zu schwimmen. Alles wird uns nicht gelingen, doch wenn wir versuchen, unseren Teil zu leisten, kann vieles gut werden. Allerdings ist nichts schwerer und kaum etwas erfordert mehr Charakter, als Nein zu sagen.

Wir gehen auf eine neue Bewusstseinsebene zu. Diesen Wandel, der sich derzeit in unserer Gesellschaft ereignet, vergleichen David Steindl-Rast und viele Hirnforscher mit dem, der sich vor vielen tausenden Jahren in der Natur vollzogen hat. Bei manchen Tieren, wie z. B. den Käfern, bilden äußere Skelette die stabile Stützhülle. Dann entwickelte die Natur ein inneres Skelett: die Wirbelsäule. Tiere, welche von dieser im Inneren getragen werden, können sich viel freier bewegen als ein Käfer, der auf seinen Schutzpanzer angewiesen ist.

Während Menschen in der ersten Hälfte des 20. Jahrhunderts noch von äußeren panzerähnlichen Bedingungen wie Not, Hunger, Krieg und Elend bestimmt wurden, wuchs die Generation der jetzt Sechzigjährigen in einer Zeit auf, die von der Sehnsucht nach Freiheit geprägt war. Der äußere Halt, der das Leben der Großelterngeneration bestimmt hat, kam nicht nur von Notlagen, sondern auch von rigiden Forderungen und vor allem von der Verpflichtung zum Gehorsam.

Wir leben in einer Zeit, in der gesellschaftliche Forderungen in etlichen Bereichen Menschen überfordern. In seinem Buch

„Wider den Gehorsam" schreibt Arno Gruen: „Weil Strukturen des Gehorsams offensichtlich, allgegenwärtig und so sehr Teil unseres täglichen Lebens sind, nehmen wir sie als solche jedoch gar nicht mehr wahr."[33] Der Gehorsam, den es heute zu befolgen gilt, liegt immer mehr in der Verpflichtung, gesund und erfolgreich zu sein. Gesundheit wird verstärkt zur machbaren und planbaren Leistung und Menschen, die an einer Krankheit leiden, sehen sich mit der Frage konfrontiert, ob sie sich nicht ausreichend um ihren Körper gekümmert haben. Giovanni Maio leitet das Institut für Ethik und Geschichte der Medizin in Freiburg. Er kritisiert das Denken, dass Gesundheit und Krankheit in weiten Teilen der Gesellschaft nur mehr als Resultat der eigenen Versäumnisse oder Anstrengungen betrachtet wird. Problematisch sei die Grundhaltung, dass alles, auch die eigene Gesundheit, machbar sei.

Geschichte zur Inspiration

Es ist mehr als dreißig Jahre her, trotzdem habe ich diese Erfahrung nicht vergessen. Ich befand mich im Zwiespalt, einen beruflichen Termin einzuhalten oder auf die leise Stimme in mir zu hören. Obwohl ich körperlich ziemlich angeschlagen war, hielt ich mein Versprechen und arbeitete zwei Tage auf einem Messestand. Am Abend des zweiten Tages war ich körperlich so ausgelaugt, dass ich nicht mehr fähig war, alleine mit dem Auto nach Hause zu fahren. Ich fragte einen Kollegen, ob er mich heimbringen könnte. Er meinte, ich solle mir ein Taxi nehmen und das nächste Mal früher mitteilen, wenn ich nicht

33 Arno Gruen, Wider den Gehorsam, Stuttgart 2014, 10.

mehr könne, und außerdem solle ich in Zukunft besser auf mich aufpassen.
Daheim fiel ich mit einer übermäßigen Portion Selbstmitleid ins Bett. Ich hatte Selbstachtung durch Selbstmitleid ersetzt. Obwohl ich aus Erfahrung wusste, dass mich das Selbstmitleid noch tiefer in die Verzweiflung führte, war ich nicht imstande, mich davon zu befreien. Eines wurde mir allerdings bewusst: Als ich in diesem Zustand jemanden anrief und erzählte, wie es mir ging, erntete ich verständnisvolle Empörung über den Kollegen. Empörung über andere befreite mich aber nicht. Einmal mehr betete ich den Psalm 147 und um Frieden für meine Grenzen. Aus Fehlern lerne ich nur dann, wenn ich mein Verhalten reflektiere und die Suche nach einem Schuldigen unterlasse.

Innere Spurensuche

- Wann habe ich mich überfordert, weil ich andere nicht enttäuschen wollte?
- Kenne ich diese leise Stimme in mir, die mich warnt, etwas nicht zu tun?
- Gibt es Erfahrungen, aus denen ich lernen kann?

Viktor E. Frankl und Ignatius von Loyola als Wegweiser

Ich bitte um Verständnis; aber ich halte es für das geringere Übel, einen geschätzten Menschen zu verletzen als das eigene Gewissen.[34]

Denn wie ein Hauptmann oder Heerführer erst sein Lager aufschlägt und die Stärke oder den Zustand einer Burg ausspäht und sie dann an der schwächsten Stelle angreift, auf die gleiche Weise schleicht auch der Feind der menschlichen Natur umher und belauert ringsum alle unsere Tugenden, die theologischen, die Kardinaltugenden und die übrigen sittlichen; und wo er uns schwächer und hilfsbedürftiger zu unserem ewigen Heil hin findet, dort schlägt er gegen uns los und trachtet, uns zu überwältigen.[35]

Mein Gewissen, meine innere Stimme hat mich damals deutlich gewarnt, doch ich habe sie nicht ernst genommen und damit meinen Körper und mich überfordert. Die Erfahrung war bitter, denn meine schwache Stelle war mir bereits bewusst. Meine gewohnte Einstellung, zu glauben, für die Stimmung anderer zuständig zu sein, hatte einmal mehr Macht über mich gewonnen. Wer immer wieder einen Wert – und sei er noch so sinnvoll – bevorzugt, gerät irgendwann in eine Sackgasse und bekommt dann die Möglichkeit, die andere Seite kennenzulernen.

---

34 Viktor E. Frankl/Alexander Batthyany/Karlheinz Biller/Eugenio Fizzotti, Viktor E. Frankl – Gesammelte Werke Band 1/... trotzdem Ja zum Leben sagen. Und ausgewählte Briefe 1945–1949, Wien 2015, 122.

35 Ignatius, Geistliche Übungen, EB 327.

Selbstbestimmt leben und die Realität respektieren

Die Herausforderung des Lebens besteht darin, ein gutes Maß zwischen Selbst- und Fremdbestimmung zu finden. Wir brauchen eine Möglichkeit, unsere Autonomie und unsere Individualität zu leben, ohne auf Gemeinschaft verzichten zu müssen. Die Grenze zwischen Herausforderung und Überforderung entdecken wir meistens dann, wenn wir sie bereits überschritten haben. Die Empfehlung, den goldenen Mittelweg zu gehen, ist gut gemeint und vieles, was gut gemeint ist, tut uns nicht gut. Der Mittelweg oder das Mittelmaß trägt die Gefahr der Halbherzigkeit in sich. Halbherzig bedeutet, ich lebe mit angezogener Handbremse. Halbherzigkeit ist das Übel vieler Dinge und sie findet ihren Ausdruck im: „Ja, aber!" Das Aber nimmt dem Wert die Kraft und liefert uns Ausreden. Wem eine gute Sache am Herzen liegt, findet Wege, wer nicht will, findet Ausreden.

Aus Angst, sich zu überfordern oder etwas zu versäumen, lässt man sich nur halb auf Menschen oder eine Sache ein. Manche Menschen leben mit Teilwahrheiten und Halbherzigkeit gehört zu ihrer Standardeinstellung. Sie verwechseln Dabeisein mit echtem Erleben. Die unsichtbare, aber spürbare Mauer, die manche aufbauen, dient dem Schutz vor eventuellen Enttäuschungen. Mit dieser Distanz schützen sich Menschen nicht nur vor seelischem Schmerz, sondern verhindern Sinn und Lebensfreude.

Wer Gemeinschaft erleben will, muss sich einbringen, mitgestalten und seinen Teil zum Ganzen leisten. Widmen wir uns doch lieber wenigen intensiven, dafür nachhaltigen Begegnungen, anstatt überall dabei sein zu wollen. Gelungene Beziehungen sind eines vom Kostbarsten in unserem Leben. Die Aufmerksamkeit in kleinen Dingen trägt wesentlich zur guten Atmosphäre bei, die zwischen Menschen entstehen kann. Was wir brauchen sind Freunde und die Fähigkeit, Freundschaften zu pflegen und dazu gehört, sich nicht nur dann zu melden, wenn etwas gebraucht wird. Zeitnehmen ist ebenso wichtig wie der Mut zur Ehrlichkeit. Ein Freund oder eine Freundin ist ein Mensch, vor dem man sein Herz ausschütten kann und zu dem man aufrichtig sein darf. Das Erzählen, ohne daran zu denken: „Kann ich dies oder jenes sagen?“, löst Vertrauen aus und belebt die Freundschaft. Doch das besondere Merkmal einer Freundschaft ist die Ehrlichkeit. Es hat keinen Sinn, die eigene Ehrlichkeit zu opfern, um den Freund vor der Wirklichkeit zu schonen. Wir sind dabei, uns selbst zu verlieren, wenn Hektik, Termindruck, übermäßiges Bemühen und Sorgen Stress verursachen. Die größte Hilfe kommt dann von einem Mensch, der zuhören kann und mir die Realität zumutet. Im Gespräch mit einem Freund habe ich die Chance, mich wieder zu finden.

Im alltäglichen Leben vieler wird immer wieder ein Bemühen spürbar: „Vielleicht könnte ich dem anderen helfen, wenn ich verzichte?“ Dieser Verzicht ist menschlich wertvoll und sinnvoll. Dennoch gibt es davon manchmal des Guten zu viel. Wir begegnen häufig einem Zuviel auf der Seite der Selbstliebe und auf der anderen Seite einem Zuviel im Bereich der Nächstenliebe. Wer die Selbstliebe zu sehr in den Mittelpunkt seines Daseins stellt, wird von der Unzufriedenheit erfasst, und zwar dann, wenn er sich nur mehr um sich selbst dreht. Wer die Nächstenliebe ins Zentrum seines Bemühens stellt, entdeckt irgendwann, dass er nicht alle zufriedenstellen kann.

Die Freunde der Nächstenliebe und die Profis der Selbstliebe werden versuchen, das Unbehagen zu beseitigen. Die erste Wahl ist bekanntlich das, was man bereits gut kann, und somit machen beide mehr von dem, was sie ohnehin schon perfekt beherrschen. Der eine bemüht sich noch intensiver, seine Mitmenschen zu beglücken, und der andere pflegt seine Ichbezogenheit. Da jedes Zuviel in die Irre führt, schreiten beide auf ihrem eingeschlagenen Weg weiter voran und dienen weder dem Leben noch sich selbst. Menschen, welche Nächstenliebe als das Wichtigste sehen und auf Selbstliebe vergessen, überschätzen die eigene Kraft und unterschätzen die Realität, die nicht im Alleingang zu bewältigen ist. Jene, die sich selbst ständig beobachten, verlieren das Interesse am anderen und vor allem das Mitgefühl. Beziehung ist dann äußerst schwierig.

Geschichte und zwei Bilder zur Inspiration

Die Lebenseinstellung von Christine und Josefine ist von ungleichen Wertvorstellungen geprägt und daher sehen sie die Wirklichkeit aus anderen Blickwinkeln. Christine bekam von Josefine über einen langen Zeitraum viel Aufmerksamkeit und Zuwendung. Josefine wollte die Freude am Leben mit Christine teilen und so versuchte sie, deren Wünsche zu erfüllen. Die Gebende war Josefine und die Nehmende Christine. Im Laufe der Zeit ist ein Ungleichgewicht entstanden. Doch Christine hat sich daran gewöhnt und nie lange nachgedacht, wie viel ihr Josefine gibt. Josefine hat gelernt, auch eigene Bedürfnisse zu achten, und nun wirft ihr Christine vor, sie sei auf dem Egotrip. Josefine, enttäuscht über Christines Reaktion, fragt sich, was sie selbst zu einem besseren Miteinander beitragen könnte. Doch der Sockel, auf dem Christine steht, ist unerreichbar und setzt sich aus verschiedenen Bausteinen zusammen: Anspruchshaltung, Besserwisserei, Rechthaberei, Geld, Statussymbole,

Christine (links)
Josefine (rechts)

Macht, Gier, Angst zu kurz zu kommen, gekränkte Eitelkeit, überzogenes Selbstwertgefühl, Übellaunigkeit, Gedankenlosigkeit, mangelndes Mitgefühl und einiges mehr. Christine hat Schwierigkeiten, ihre echte Größe einzuschätzen. Sie meint, dass sie sich aufwertet, wenn sie andere abwertet, und daher hat Josefine keine Möglichkeit, Christines Herz zu erreichen oder zu erwärmen. Solange Christine auf ihrem Podest steht, ist eine Begegnung auf Augenhöhe unmöglich.

Josefine wird wohl den derzeitigen Beziehungsstress zu Christine akzeptieren müssen. Sie kann trotzdem einiges tun, und zwar für ihre Selbstachtung und ihren Selbstwert. Sie kann ihre Gedanken und Gefühle bewusst wahrnehmen und die Traurigkeit zulassen. Der Riss in der Beziehung lässt sich nicht ungeschehen machen und die Traurigkeit darüber wird einmal mehr und ein anderes Mal weniger Josefines Stimmung trüben und sicher auch jene von Christine. Bei ihr ist es wohl mehr

Ärger und Wut als Traurigkeit, denn sie ist geblendet von ihrer Überzeugung. Sie kann den Reichtum nicht wahrnehmen, der im Geben und in der Beziehungsfähigkeit liegt, und darin liegt der große Mangel der Selbstentmutigung.

Josefine kann ihr Standvermögen stärken, indem sie an ihrer Selbstachtung und an ihrem Selbstwert baut. Die Bausteine sind vielfältig, z. B. Vertrauen ins Leben, Mut zur Stellungnahme, obwohl man nicht das erreicht, was man gerne möchte, die Fähigkeit zu lächeln, wo einem zum Weinen zumute ist, und die Erkenntnis, dass auch ohne die Zustimmung anderer ein erfülltes Leben möglich ist. Dieses Standvermögen ist eine innere Unerschütterlichkeit, die nicht bewiesen werden muss. Selbstsicherheit ruht tief in unserem Wesen und ist letztlich nicht von der Zustimmung anderer abhängig.

Viktor E. Frankl und Ignatius von Loyola als Wegweiser

Verzweifelt sein kann also nur ein Mensch, der etwas vergötzt hat, dem etwas über alles geht. Auch der Intellekt kann vergötzt werden und auch diese Vergötzung führt zur Verzweiflung – sofern der Mensch nämlich glaubt, in ihm alles, das Höchste und Letzte sehen zu müssen, das ausschließliche Medium eines Seins- und Sinnverständnisses.[36]

Vertrauen auf Gott solle gerade darin bestehen, dass man alle seine eigenen Kräfte und Fähigkeiten einsetzt. Und eben dieser volle Einsatz soll selber der eigentliche Ausdruck des vollständigen Vertrauens auf Gott allein sein. Es geht also nicht etwa darum, dass man neben dem vollen Einsatz das Vertrauen auf Gott nicht vergessen solle, sondern umgekehrt gerade darum, dass dieser Einsatz selber bereits aus dem Vertrauen auf Gott lebt und dass man also aus der Geborgenheit in der Gemeinschaft mit Gott alle seine Kräfte einsetzt.[37]

Die Verzweiflung lauert dort, wo ein Wert zum Ziel wird, welches unter allen Umständen erreicht werden muss. So verständlich der Wunsch nach einem guten Miteinander ist, so sinnvoll ist es, daran zu denken, dass wir Scheitern nicht verhindern können. Anstelle übermäßiger Anstrengungen haben wir ein Mehr an Vertrauen ins Leben oder in Gott nötig. In der Kurzfassung lautet die oben angeführte Empfehlung von Ignatius von Loyola: „In allen Angelegenheiten handle,

36 Frankl, Der leidende Mensch, 226.
37 Peter Knaur, Hinführung zu Ignatius von Loyola, Freiburg 2006.

wie wenn du alles und Gott nichts täte; vertraue, als wenn du nichts und Gott alles täte.“

Dieser Gedanke konfrontiert uns nicht nur mit einer realistischen Sichtweise, sondern erinnert uns an eine gesunde Form von Demut. Mit Demut ist keine unterwürfige Haltung gemeint, die dem Menschen nichts und Gott alles zutraut, sondern die Anerkennung, dass es mehr gibt als uns selbst. Demut könnte uns auch von vermeintlicher Wichtigkeit und Unentbehrlichkeit befreien.

Was mich – wieder – leben lässt: mein Maß

„Der Maßstab für die Forderung des Lebens ist nur deine eigene Kraft." Dag Hammarskjöld, dem ehemaligen UNO-Generalsekretär, verdanken wir diese Erkenntnis. Meine eigene Kraft ist einmal unglaublich intensiv und alles geht leicht von der Hand. Ein anderes Mal kämpfe ich mich durch den Tag und am Abend ist kaum etwas von dem Geplanten erledigt. Also hängt meine Kraft auch mit dem Wissen zusammen, dass alles seine Zeit hat. Es gibt (mit dem Propheten Kohelet gesprochen) eine Zeit für die Arbeit und eine Zeit für den Tanz und diese Tatsache sollte auf der Suche nach dem eigenen Maß nicht vergessen werden.

Das eigene Maß hat auch mit der Frage nach dem Sinn zu tun. Die Sinnfrage stellen wir meistens dann, wenn wir uns in einem Zustand befinden, in dem wir uns innerlich leer fühlen, emotional ausgebrannt oder verlassen, erfolglos oder unnütz. In dieser Verfassung führt uns das Befinden in eine falsche Richtung. Wir fragen uns, womit wir dieses Unbehagen „verdient" haben, welchen Sinn unsere Arbeit hat und einiges mehr. Dazu kommt der Teufelskreis des Vergleichens und unsere Kraftquellen sprudeln nicht. Deshalb ist unsere augenblickliche Befindlichkeit nicht geeignet, um als Maßstab zu dienen.

Hilfreich ist die Unterscheidung zwischen Erschöpfung und Unlust. Ein Suppentopf, der leer ist, ist auch „erschöpft" und bevor man wieder aus ihm schöpfen kann, braucht er Nachschub. Demgegenüber meldet sich die Unlust auch bei einem vollen Suppentopf. Im Zustand der Unlust ist ein gewisses Maß an Selbstüberwindung und ein sinnvolles Maß an Disziplin erforderlich. In der Phase der Erschöpfung ist Ruhe sinnvoll, während im Modus der Unlust zu viel Ruhe die Faulheit fördert; ein Leben ohne Widerstand wird langweilig und öde. Als Mensch kann ich der Unlust widersprechen und Menschen, die sich zu schnell dem Befinden der Unlust hingeben, verderben sich selbst die Lebensfreude. Außerdem gehen sie ihrem unmittelbaren Umfeld gehörig auf die Nerven. Menschen, die ihre Launen ausleben, können anderen die Stimmung ordentlich vermiesen.

Wenn ich mein eigenes Maß immer wieder an der Maßeinheit anderer messe, lege ich meine Selbstachtung und meine Eigeninitiative in fremde Hände. Menschen, denen nicht gefällt, wie ich lebe, wird es immer geben. Die Maßeinheiten verändern sich im Laufe des Lebens. Die Zeiten, in denen wir eine gute Passivität mehr brauchen als eine schlechte Aktivität, nehmen mit dem Älter-Werden zu. Älter werden bietet uns die Möglichkeit, nach dem Besten Ausschau zu halten.

Was ist das Beste? Gibt es überhaupt „das Beste“? Wer bestimmt, was das Beste ist? Über mein Maß bestimme ich selbst, doch „das Beste“ richtet sich meistens nach dem, was gerade in Mode ist. Obwohl ich persönlich mein Bestes gebe, kann ich nie sicher sein, dass dies von anderen auch so gesehen wird, und auch ich selbst werde im Rückblick manches anders sehen als in jenem Moment, in dem ich früher gehandelt habe. In Zeiten der Potenzialoptimierung werden wir nicht nur daran erinnert, noch besser sein zu können, sondern unsere Seele wird mit einem Virus infiziert. Ganz subtil taucht immer wieder das Gefühl auf, man könnte eigentlich noch besser sein oder, wenn man sich mehr angestrengt hätte, wäre noch mehr drin gewesen. Diese permanente Forderung nach dem perfekten Maß, welches noch dazu von außen bestimmt wird, raubt Menschen Selbstvertrauen und heitere Gelassenheit. Die Folgen sind Unsicherheit, Ängstlichkeit, Unzufriedenheit und der Verlust des Mitgefühls. Die Unzufriedenheit mit sich selbst nährt bei einigen das Gefühl, noch mehr von dem tun zu müssen, was sich bisher schon nicht als zielführend erwiesen hat. Andere geben resigniert auf, weil sie im Hamsterrad der Fremdbestimmung das eigene Maß verloren haben und keinen Sinn erkennen können. Hermann Hesse meinte dazu: „Man muss jedes Zuviel, jedes Überschreiten des eigenen Maßes büßen, man darf ungestraft weder im Eigensinn noch im Anpassen zu weit gehen."[38]

Seit ich denken kann, interessieren mich Menschen, die sich für den Wert des Lebens und die Menschenwürde eingesetzt haben. „Der Mensch entdeckt sich, wenn er sich an Widerständen misst." Saint-Exupéry schrieb diesen Gedanken und mich beschäftigt die Vielfalt des Widerstands im Lauf der Geschichte sehr. In meiner Kindheit waren es Rosa Parks und Martin Luther King, die sich für gleiche Rechte zwischen Farbigen und Weißen in den USA einsetzten. Einige Zeit später entdeckte ich Dietrich Bonhoeffer und sein Buch „Widerstand und Ergebung". Dieses Werk lese ich immer wieder und staune über Gedanken, die mir bisher noch nicht aufgefallen sind. Irgendwann bekam ich „Der Versuch, in der Wahrheit zu leben" von Václav Havel geschenkt und seine Texte haben mich fast genauso inspiriert wie jene von Viktor Frankl und Ignatius von Loyola.

38 Hermann Hesse, Die Antwort bist du selbst. Briefe an junge Menschen, Frankfurt 2000, 23.

Geschichte zur Inspiration

Auf der Suche nach meinem Maß gönnte ich mir eine Auszeit in Form von Exerzitien. In der Bergwelt der Loferer Steinberge, in Maria Kirchental, reservierte mein Exerzitienbegleiter ein kleines Häuschen mit einem großen Raum, ganz für mich. Vor der Haustüre war ein wunderbarer Garten und jeden Tag habe ich diese äußere Ruhe aufgesogen, doch in mir tobte es. Über viele Jahre hatte ich von mir übermäßig viel verlangt und natürlich wollte ich auch die Exerzitien mit dem mir eigenen Aktionismus bewältigen. Wo man unbedingt eine bestimmte Leistung bringen will, verliert man das Wesentliche aus den Augen. Vielleicht geht es anderen Menschen ähnlich. Man begibt sich in die Stille und innen wird es laut. Auf einmal brauchte ich nicht mehr nützlich sein, niemand verlangte von mir familiäre oder berufliche Aufgaben. Erst in dieser Phase entdeckte ich, dass ich mir einbildete, unentbehrlich zu sein. Zu meinen, man könnte aus eigener Kraft alles schaffen, was man sich vornimmt, ist Selbstüberschätzung und grenzt an Hybris. Während der Exerzitien wurde mir meine Überheblichkeit bewusst. Diese Erfahrung war schmerzhaft und lehrreich zugleich, da mir klar wurde, dass ich nicht nur mich überfordert habe, sondern andere auch.

Innere Spurensuche

- Woran messe ich mich?
- Wofür sage ich ja? Wozu sage ich nein?
- Woran merke ich, dass mein Maß überschritten ist?
- Wo überfordere ich andere mit meinem Maß?

Viktor E. Frankl und Ignatius von Loyola als Wegweiser

Zur Fähigkeit des Menschen, über den Dingen zu stehen, gehört nun auch die Möglichkeit, über sich selber zu stehen. Einfacher gesagt: Ich muss mir von mir nicht alles gefallen lassen. Ich kann abrücken von dem, was sich in mir befindet.[39]

Vor allem Menschen, die sich im Alltag überfordern, stürzen nun leicht in den Zustand der schlechten Leere und Sinnlosigkeit. Gerade in solchen Phasen ist es wichtig, geistlich gut begleitet zu sein.[40]

39 Viktor E. Frankl, Texte aus sechs Jahrzehnten, Weinheim 1998, 94.
40 Imhof, Gott glauben, 30.

Der Versuch, ohne Feindbilder zu leben

„Ich wollte im eigenen Denken und Handeln ohne Feindbilder auskommen!“ Diese Antwort gab Kardinal Franz König auf die Frage, was in seinem Leben wichtig war.

1976 sprach Max Frisch in seiner Rede zur Verleihung des Friedenspreises in Frankfurt: „Eine friedensfähige Gesellschaft wäre eine Gesellschaft, die ohne Feindbilder auskommt.“

Vielleicht liegt der Ursprung von Konflikten nicht nur in der unterschiedlichen Wertewelt und in den vielfältigen Interessen, sondern im Vermitteln und Bekämpfen von Feindbildern. Feindbilder entstehen nicht von selbst in unseren Köpfen. Sie beginnen mit einer Einteilung von Merkmalen: Zeichen einer Rasse, Gebote einer Religionsgemeinschaft, Zugehörigkeit zu einer Interessensgemeinschaft oder einer Partei. Sobald bestimmte Merkmale zu selbstverständlichen Verallgemeinerungen und zu ungeschriebenen Gesetzen geworden sind, wird das Miteinander problematisch. Sind in einer Familie, einem Team oder einer Gesellschaft bestimmte Normen unter allen Umständen einzuhalten, können auch Werte zu Tyrannen werden, die sich in Feindbilder verwandeln.

Feindbilder werden meistens dort konstruiert, wo die Angst regiert: Angst, zu kurz zu kommen, Angst, nicht dazuzugehören, Angst, nicht gut genug zu sein, oder die Angst, beschämt zu werden.

Wir alle sind schon dabei gewesen, wenn Feindbilder skizziert wurden und Sprücheklopfer am Werk waren. Es gilt wach zu werden, wenn Verallgemeinerungen und Vorurteile in einem Gespräch auftauchen. Wir sollten uns vor dem „die" hüten: „‚Die' Männer, ‚die' Frauen, ‚die' Politiker. Z. B. führt die oberflächliche Betrachtung von Lehrerinnen und Lehrern zu einer Abwertung, die den Menschen in diesem Berufsstand nicht gerecht wird: ‚Die' Lehrer haben sowieso den ganzen Sommer frei und arbeiten nur den halben Tag." Wer Lehrpersonen kennt oder als Erwachsener eine Schulklasse erlebt hat, wird dieser pauschalen Abwertung widersprechen wollen. Natürlich gibt es neben den Lehrpersonen, die Bildung im besten Sinn weitergeben, auch jene, die resigniert haben, gleichgültig oder – noch schlimmer – zynisch geworden sind. Es geht nicht darum, die Meinung der anderen zu verändern, aber vielleicht regt die Frage „Wie kommen Sie zu dieser Feststellung?" zum Nachdenken an. Eventuell wird man nicht ernst genommen, aber manchmal löst man doch so etwas wie Betroffenheit aus. Durch das gedankenlose Nachplappern werden Feindbilder gezüchtet. Von den Hirnforschern haben wir erfahren, dass Bilder, die in unserem Inneren „wohnen", wesentlichen Einfluss darauf haben, wie wir anderen Menschen begegnen und unser Leben bewältigen. Wertschätzung und Anerkennung entstehen in einer Atmosphäre des Wohlwollens, während ständiges Abwerten aus einer Stimmung der Gereiztheit kommt. Konstruktive Kritik ist hilfreich, sofern sie angenommen werden kann. Gegen destruktive Kritik, die immer nur einen Teil des Ganzen sieht, werden sich Menschen wehren und rechtfertigen. Häufig erleben Menschen im Berufsleben Misstrauen und Zynismus, der in der Abwertung sein Gesicht zeigt. Hier schwingt die Überheblichkeit mit, zu meinen, die eigene Sichtweise sei die einzig richtige. So entsteht das „unrichtige Recht", sich über Sichtweisen und Gefühle anderer hinwegzusetzen. Jene, die darunter leiden, bräuchten einen Don Quijote aus dem Musical „Der Mann von la Mancha". Dieser kämpfte gegen Windmühlen, gegen das „unrichtige Recht" und forderte den „unschlagbaren Feind" zum Kampf heraus.

Welche Auswirkungen Feindbilder haben, zeigt die Geschichte des 20. Jahrhunderts in einem erschreckenden Ausmaß. Allerdings macht sie auch jene liebesfähigen Gegenkräfte deutlich, ohne die wir ärmer wären und weniger von Menschenrechten und Zivilcourage wüssten. Einige Beispiele: Viktor Frankl und seine Versöhnungsbereitschaft, Mahatma Ghandi und seine Gewaltlosigkeit, Václav Havel und sein Mut, für die Freiheit ins Gefängnis zu gehen, Wangari Maathai und ihr Engagement für Umweltschutz und Frauenrechte, Nelson Mandela und sein Kampf für die Freiheit und für soziale Gerechtigkeit, Rigoberta Menchú und ihr Einsatz für die Menschenrechte in Guatemala, Mutter Teresa und ihre Arbeit mit Armen und Obdachlosen. Wir bewundern Menschen, die Widerstand leisten im Angesicht einer ungerechten Gegenwart. Wer Widerstand leistet, darf nicht mit schnellen Erfolgen rechnen. Zunächst werden diese Menschen überwiegend ignoriert und belächelt. Respektiert werden sie meistens erst, nachdem sich die Zustände verbessert haben.

Ohne Feindbilder auszukommen ist eine Einladung, über sich selbst und die eigene Sichtweise nachzudenken. Sich von gewohnten Denkmustern zu verabschieden, ist mit einer großen inneren Überwindung verbunden. Den meisten Menschen fällt es schwer, einen Irrtum zuzugeben. Wir könnten uns aber darauf besinnen, dass der Mensch, über den wir ein Urteil fällen, ebenso Mensch ist und die gleichen Rechte hat wie wir.

Wie sind wir zu unseren persönlichen Feindbildern gekommen? Aufgrund alltäglicher Erfahrungen nistet sich ein

Feindbild als Same in uns ein und beginnt zu wachsen. Vielleicht wurde uns in jungen Jahren das Nachbarskind als Vorbild vor die Nase gehalten. Aufgrund der Angst, man selbst sei nicht gut genug, entsteht ein äußerst unangenehmes Gefühl und dies möchten wir so schnell wie möglich loswerden. Wir selbst wollen als Mensch gesehen und nicht nur aufgrund unserer Leistung anerkannt werden. Wird das Verhalten eines anderen zur wiederkehrenden Vorbildfunktion, bedroht die Fähigkeit des anderen mein Sosein. Das Wahrnehmen von Bedrohung ist äußerst unangenehm und das wollen Kinder und Erwachsene von sich fernhalten. Anstatt sich mit dem auseinanderzusetzen, was gut tun würde, wertet man das Vorbild ab. Von der Abwertung zur Ablehnung anderer ist es nur mehr ein kleiner Schritt und das Feindbild ist fixiert. In der Abwertung geht der Respekt verloren, die Empörung hat das Wort, und sich zu empören ist für manche Menschen einfacher, als Widerstand zu leisten. Im Wort Empörung steckt Empore. Wer von oben herab über andere urteilt, hat die Ebene der Augenhöhe verlassen. Aus dem Samen des Feindbildes ist ein robustes Unkraut geworden, das noch dazu die Tendenz hat, sich zu vermehren.

Irgendwann hat man die Überzeugung gewonnen, selbst auf der „richtigen" Seite zu stehen oder zu den „Guten" zu gehören. Wer sich selbst als gut und richtig sieht, hat das innere Unbehagen und die Angst bekämpft. Im Abwehren der Angst liegt wohl der Hauptgrund, dass wir Empörung, Verdacht und Abwertung öfter erleben als Ermutigung. Sich aufzuregen ist in unserer Gesellschaft fast Normalität geworden und vielen Menschen fällt es leichter, über andere zu lästern als sich die Frage zu stellen: Bin ich bereit, Menschen in ihrer persönlichen Lebenslage wahrzunehmen? Um Menschen freundlich und liebevoll zu begegnen, brauchen wir eine Bildung, die mehr kennt als Abwehr von Betroffenheit und rationale Vermeidungsstrategien. Es geht um unsere Herzensbildung, die aus Lebensfreude ebenso wie aus Betroffenheit wachsen kann. Wir brauchen eine gesunde Fassungslosigkeit anstelle einer Drachenethik. Gesunde Fassungslosigkeit ist dann gefragt, wenn wir mit Situationen konfrontiert werden, in denen pauschale Urteile andere Menschen abwerten. Die Drachenethik kennt den Panzer der Unverwundbarkeit und speit Feuer. Doch wir sind Menschen und keine Drachen und bleiben als solche ein Leben lang verletzlich und verwundbar.

Nachdenken über Feindbilder bedeutet ja nicht, eine rosarote Brille aufzusetzen und nur Gutes zu sehen. Es geht darum, gewonnene Einsichten ins eigene Leben zu integrieren und sich bewusst zu machen, dass jeder Mensch blinde Flecken in der persönlichen Landkarte der Menschlichkeit hat.

Natürlich lebt unser Miteinander nicht nur von Wertschätzung und Zuwendung, sondern auch von wohlwollenden Einwänden und konstruktiver Kritik. In einigen Bereichen haben wir eine Kultur der Kritik dringend notwendig, denn im Wettbewerb oberflächlicher Empörung und aufsässiger Kritik haben es zu viele in unserer Gesellschaft weit gebracht. Der Mangel an Wertschätzung wird beklagt, dabei wäre schon viel gewonnen, wenn wenigstens die Abwertungen verringert würden. In einigen Fällen wird abgewertet, weil man einen anderen Geschmack hat. Wer Gemüse bevorzugt, braucht deswegen Fleisch nicht schlecht zu reden. Weil mir eine bestimmte Art von Musik nicht gefällt, bedeutet das noch lange nicht, dass ich sie verteufeln muss. Weil ich die Aussage eines Menschen nicht teile, kann ich trotzdem darauf verzichten, mich über ihn lustig zu machen und blöde Bemerkungen zu schreiben. Auf Internetplattformen führt die Unsitte des Daumen-hoch- und Daumen-runter-Prinzips sowie der schriftlichen Statements zu massiven Abwertungen und Verunglimpfungen. In WhatsApp-Gruppen wäre für manchen Schreiberling wenigstens ein Minimum an Verständnis hilfreich, wenn schon keine Herzensbildung mehr vorhanden ist. Ob jene Menschen eine Ahnung davon haben, was eine gedankenlose Bemerkung bei anderen auslöst? Anstelle der „Ich kenn mich aus"-Haltung wäre ein gründliches Nachdenken angebracht. „Für mich ist ‚Denk mal' ein lebenslanger Imperativ, der aus zwei Wörtern besteht", so Fritz Grünbaum.

Geschichte zur Inspiration

Lieder von Reinhard Mey höre ich nicht nur gerne, sie wurden zu einem äußerst hilfreichen Wegweiser in der Erziehung meiner Kinder.
Ich erinnere mich an ein wunderbares Konzert von ihm, das mit „standing ovations" für den großartigen Liedermacher endete. Einige Reihen vor mir blieb ein Mann sitzen und ich dachte mir, der könnte doch auch aufstehen. Als ich von Musik und Text erfüllt den Saal verließ, sah ich, wie jemand diesem Mann in den Rollstuhl half. Obwohl ich meine Gedanken von vorhin niemandem mitgeteilt hatte, schämte ich mich über mein schnelles Urteil – jede Form von Drachenethik war überflüssig. Diese Erfahrung machte mich ziemlich nachdenklich und half mir später in manchen Situationen, meine spontane Meinung zu zügeln und mich nicht sofort – auch nicht in Gedanken – zu empören.

Innere Spurensuche

- In welchen Situationen spüre ich eine gesunde Fassungslosigkeit?
- Kenne ich meine Art der Drachenethik?
- Ahne ich, dass es Lücken in meinem Verständnis für mich selbst und andere gibt?

Viktor E. Frankl und Ignatius von Loyola als Wegweiser

Es ist viel einfacher und leichter, zwischen Engeln und Teufeln zu unterscheiden, als sich der Mühe zu unterziehen, jedem einzelnen Menschen gerecht zu werden.[41]

Jeder gute Christ muss mehr dazu bereit sein, die Aussage des Nächsten für glaubwürdig zu halten, als sie zu verurteilen.[42]

Den Feind zu lieben ist wohl eines der schwierigsten Gebote im Christentum und manchmal äußerst schwer zu verwirklichen. Doch die christliche Botschaft ist für mich eine Suche nach dem, was es bedeutet, Mensch zu sein. Bei aller Betroffenheit über Unmenschlichkeiten wäre es doch denkbar, bei alltäglichen Missgeschicken und lebensüblichen Schwierig-

41 Frankl/Batthyany/Biller/Fizzotti, Viktor E. Frankl – Gesammelte Werke Band 2, 236.

42 Ignatius, Geistliche Übungen, 22.

keiten nicht sofort Schuldige zu suchen. Unsere Entscheidungen und Handlungen begleiten uns oft lange und das, was wir tun, macht uns zu dem, was wir sind. Der Abschied von der Sündenbockstrategie wäre eine Möglichkeit, wie wir uns das Leben gegenseitig erleichtern könnten. Wer sich in seinem Leben findet, bringt mehr Verständnis für andere auf und kann liebevolle Nachsicht üben. Wir sollten unser Mitgefühl entfalten und uns um ein echtes Verständnis für die Lebenslage des anderen bemühen, statt uns zu empören.

Von der Kunst der Unterscheidungen

Unterscheidungsfähigkeit ist ein wesentliches Merkmal unseres Menschseins und unserer Individualität. Die gute Individualität wird in jenen Gemeinschaften gestärkt, in denen die persönliche Meinung als Wert gesehen werden kann. Der Individualismus wird dort geschürt, wo Menschen ständig um ihre Daseinsberechtigung kämpfen müssen oder die Ichbezogenheit dem Gemeinwohl vorgezogen wird. In einer Demokratie zählt Meinungsfreiheit zu den Menschenrechten, während in diktatorischen Regimen die Individualität meist nur im Verborgenen gelebt werden kann. Schon Viktor E. Frankl hat festgestellt, dass der Sinn der Individualität in der Masse untergeht, während er in der Gemeinschaft aufgeht. Die Gemeinschaft lebt von der Vielfalt, während die Masse nach Gleichschaltung ruft. Ungeschickte und teilweise unbedachte Bemerkungen von Prominenten werden bis zur Unerträglichkeit in den Medien ausgebreitet. Demgegenüber scheint das Unrechtsbewusstsein bei manchen nicht sehr ausgeprägt zu sein.

Bernhard Pörksen schreibt in seinem Buch „Die große Gereiztheit – Wege aus der kollektiven Erregung", dass die Regeln, die für einen guten Journalismus gelten, heute auch für die Allgemeinheit wichtig wären: „Arbeite wahrheitsorientiert, prüfe erst, publiziere später, sei skeptisch, versuche der Verführung durch Ideologien zu entgehen, benutze mehrere Quellen, unterscheide klar zwischen Werbung und Berichterstattung und vielleicht noch eine ganz wichtige: Höre auch die andere Seite."[43]

---

43 https://www.nzz.ch/feuilleton/bernhard-poerksen-wir-sind-auf-dem-weg-zur-empoerungsdemokratie-ld.1355041

Von Einstellung und Sichtweisen

Beim Autofahren zeigt uns eine Verkehrsampel, ob wir stehen bleiben müssen oder weiterfahren dürfen. Ein Keramikkochfeld leuchtet rot, sofern die Platte heiß ist. In beiden Fällen schützt uns das bewusste Wahrnehmen vor einer möglichen Gefahr. Beim Kochen ist es wichtig, zwischen Salz und Zucker zu unterscheiden und für unser körperliches und seelisches Wohlbefinden ist der Unterschied zwischen Tag und Nacht ziemlich sinnvoll.

In den Industrieländern ist für den Großteil der Bevölkerung in Beruf und Freizeit das aktive Tun erstrebenswert. Dabei wird das Ergebnis, das dabei erzielt werden soll, überwiegend zum messbaren Ziel an materiellen Dingen. Was übersehen wird: Wir sind nicht ständig leistungsfähig und einigen wird dies erst im Älterwerden bewusst. Unsere passiven Fähigkeiten zu stärken, ist eine äußerst sinnvolle Altersvorsorge. Dazu gehören: Warten können, Geduld, Langsamkeit, Gelassenheit und vor allem Dankbarkeit für vieles, was erlebt wurde. Für ein gelingendes Leben ist die Unterscheidung von sinnvoller Aktivität und guter Passivität erstrebenswert.

Wie schwierig allerdings passive Zeiten zu ertragen sind, entdecken manche nicht erst im Älterwerden.

Hat man einige Tage frei, fehlt plötzlich jede Energie, um das zu tun, was man sich vorgenommen hat. Wer sich eine Auszeit nimmt, unterbricht den gewohnten Alltag. Wie erschöpft man ist, bemerkt man erst, wenn kein Termin mehr ansteht. Ist die Erschöpfung zu groß, kann es sein, dass die einzige Energie, die man aufbringt, das Einschalten des Fernsehers oder des Computers ist. In den meisten Fällen dient diese Form des Ablenkens nicht der Erholung, sondern hinterlässt eine eigenartige Leere. Zerstreuung bewirkt keine Erholung, sie lässt uns in einer Zwickmühle landen: Eigentlich sollte ich etwas Sinnvolles tun. Ausruhen ist deshalb so schwierig geworden, weil der Gedanke, etwas tun zu müssen, nicht zu verscheuchen ist. Die andere Stimme meldet sich: Ich habe doch genügend geleistet und habe jetzt ein Recht, mich auszurasten. Die Unterscheidung zwischen Erholung und Zerstreuung ist eine Überlegung wert.

Eine Auszeit ist sinnvoll, wenn wir das Innehalten gestalten können. Viktor E. Frankl verglich in einem Interview Bergwanderungen als Vita contemplativa und Kletterrouten als Vita activa. Das Wandern ohne große körperliche Anstrengung dient der Beschaulichkeit, Gedanken kommen und gehen. Frankl schildert, dass die Ideen für seine Buchprojekte im Zustand des Innehaltens am Hochplateau der Rax in Niederösterreich entstanden sind. Wir sollten uns öfter Pausen gönnen, in uns gehen, innehalten oder dem heilenden Nichttun Raum geben. Liliane Juchli, eine Schweizer Krankenschwester, hat einen wesentlichen Beitrag zur Lehre der Krankenpflege geleistet. Sie war beseelt von ihrer Arbeit und hat übersehen, dass es auch dann seelische Grenzen gibt, wenn die Arbeit begeistert und erfüllend ist. Im Rückblick auf ihr Leben sprach sie über ihre Erschöpfungsdepression: „Die Seele hat meinem Körper aufgetragen: Du hörst jetzt auf."[44]

Will man sich selbst finden, sind Innehalten und Wahrnehmen eine grundlegende Voraussetzung. Wir können uns bewusst machen, mit welcher Einstellung wir unser Leben gestalten. Statt Einstellung könnten wir auch Sichtweisen sagen und diese haben weniger mit den Bedingungen im Außen zu tun, sondern viel mehr mit unserer inneren Einstellung. Die Welt ist so, wie man sie sieht. Wir sehen in die Welt mit unse-

---

44 Liliane Juchli auf dem Kongress „Lebensqualität. Wir können uns das Leben leichter machen" am 24./25. Mai 2014 in Tübingen.

ren Augen, mit einer Brille, die unsichtbar und dennoch sehr wirksam ist.

Zum Glück gibt es viele Menschen, die eine Brille tragen, rosarot und mit Herzen auf den Brillengläsern. Sie begegnen anderen Menschen offen und freundlich, gehen auf sie zu und sehen in Menschen und Geschehnissen das Positive. Das ist der große Vorteil, wenn man mit dieser Brille durch das Leben geht. Doch sie hat auch einen Nachteil. Wer alles durch die rosarote Brille sieht, nimmt die Wirklichkeit und Tatsachen manchmal zu wenig ernst.

Dann begegnen wir Menschen mit sehr dunklen Brillen, die Schwarzseher. Jene, die sie tragen, finden meistens genügend Gleichgesinnte. Zum Verbreiten von Gruselpropaganda und Untergangsprognosen findet man zu allen Zeiten Interessierte. Diese Menschen regen sich über die Bedingungen auf, in denen wir leben und finden an allem etwas zu bemängeln. Eine gesunde Fassungslosigkeit über diversen Unsinn und Unmenschlichkeiten ist hilfreich, doch wer ständig jammert, nörgelt und kritisiert, hat den Blick für das Gute verloren. Der Nachteil dieser Brille ist, dass Lebensfreude und Fröhlichkeit nur selten durchdringen.

Irgendwann trägt jeder Mensch die Brille der Verwirrung. Sie lässt uns nicht mehr klar sehen, alles dreht sich. Diese Brille hätte den Vorteil, dass man innehalten muss, um Klarheit zu gewinnen. Der Nachteil dieser Brille besteht im Verlust der Orientierung und wenn diese Phase zu lange dauert, weiß man nicht mehr, wofür man leben möchte. Wer längere Zeit durch die Brille der Verwirrung schaut, sehnt sich nach Klarheit.

Die Brille der Klarheit hat den Vorteil der Nüchternheit. Wir brauchen diese Nüchternheit, besonders dort, wo der Hausverstand auf Dauerurlaub ist. Die ignatianische Spiritualität ist von Nüchternheit geprägt, doch sie ist keinesfalls gefühlsarm. Sie öffnet die Tore zur Wahrnehmung und könnte uns helfen, eine Lebensweise zu entdecken, die uns von eigenen Fixierungen befreit.

Menschen, welche mit der Brille der Lebensfreude durch ihre Tage wandern, sind gut dran. Es ist die Brille des Regenbogens und dieser schließt Sonnenstrahlen und Schattenseiten des Lebens ein.

Geschichte zur Inspiration

Tiefer und nachhaltiger als alle Erziehungsmaßnahmen ist mir ein Gespräch mit meiner Großmutter in Erinnerung. Sie war bereits 94 Jahre alt, versorgte sich selbst und ihre geistigen Interessen waren außergewöhnlich. Den 24. Dezember haben wir immer gemeinsam gefeiert und für mich war es selbstverständlich, dass sie den Heiligen Abend mit meinen Kindern und meinem Mann verbringt. Da eröffnete sie mir im Advent, es könne niemand etwas dafür, dass sie so lange lebe. Meine Familie hätte das Recht, endlich alleine Weihnachten zu feiern, und sie komme in diesem Jahr nicht. Dass wir uns freuten und sie nicht störe, ließ sie nicht gelten. Ihre Klarheit war ein Geschenk und sie hat mir vermittelt, dass auch langjährige Gewohnheiten verändert werden können. In der Familie gingen die Meinungen auseinander, doch meine Großmutter ließ sich nicht beirren. Unterschiedliche Sichtweisen bleiben für alle Beteiligten eine Herausforderung zur Toleranz. Besonders Weihnachten ist in vielen Familien Auslöser von Meinungsverschiedenheiten. Die meisten Menschen sehen in den Familienfesten eine Selbstverständlichkeit. Doch Gewohnheiten haben manchmal eine lähmende Wirkung. Die Feinfühligkeit einzusetzen und darüber nachzudenken, wie es anderen mit meiner Anwesenheit geht, zeichnete meine Großmutter aus. Sie ließ sich von ihrem Gewissen leiten und ich habe viel von ihr gelernt.

Viktor E. Frankl und Ignatius von Loyola als Wegweiser

Viktor Frankl bezeichnete unser Gewissen als Sinnorgan. Es gehört zu den spezifisch menschlichen Phänomenen. Es ließe sich definieren als die intuitive Fähigkeit, den einmaligen und einzigartigen Sinn, der in jeder Situation verborgen ist, aufzuspüren.[45]

Dinge ins Gedächtnis rufen und überdenken, die Wohlgefallen, Freude und geistlichen Jubel wecken, wie zum Beispiel die himmlische Seligkeit.
Helligkeit und Annehmlichkeiten der Jahreszeiten benützen, so im Frühling und Sommer die erfrischende Kühle, im Winter Sonnenschein oder Wärme des Feuers, soweit die Seele meint oder vermutet, es könne ihr dienen.[46]

Ignatius gibt uns einen praktischen Hinweis in Form des „Gebetes der liebenden Aufmerksamkeit". Dieses Gebet ist nicht als Pflichterfüllung eines Gebotes gedacht, wie man es aus Kindertagen vielleicht noch kennt, sondern als Möglichkeit, dem eigenen Leben und sich selbst zu dienen. Liebende Aufmerksamkeit bedeutet wohlwollendes Wahrnehmen dessen,

45 Frankl, Ärztliche Seelsorge, 76.
46 Ignatius, Geistliche Übungen, 78.

was ich erlebt habe, ohne sofort zu urteilen. Es geht nicht darum, das eigene Verhalten in Gut und Böse einzuteilen. Im Schwarz-Weiß-Denken verlieren wir die Fähigkeit zu unterscheiden und gerade dieses Talent ist in unserer Gesellschaft wichtiger denn je. Wir brauchen ausreichend Zeit und innere Unabhängigkeit, um unseren gesunden Menschenverstand zu pflegen.

Von der „Unterscheidung der Geister“

Ignatius hat den Begriff „Unterscheidung der Geister“ geprägt. Diese Erkenntnis war wesentlich für sein inneres Wachstum, welches Ignatius im „Bericht des Pilgers“ beschreibt. 1521, in der Zeit nach seiner Verwundung bei der Verteidigung der Festung von Pamplona, las er nicht die gewohnten Rittergeschichten und hatte – nicht so wie heute – einen Zugriff auf das Internet, sondern war auf jene Lektüre angewiesen, die verfügbar war. Er las Heiligengeschichten aus dem 13. Jahrhundert und eine Beschreibung des Lebens Jesu, die Ludolf von Sachsen im 14. Jahrhundert geschrieben hatte. Allmählich nahm Ignatius den Unterschied wahr, den äußere Einflüsse bewirken können. Er erkannte sowohl den Trost, welcher von den Heiligengeschichten ausging, und eine Art innere Leere, eine Trostlosigkeit, die die weltlichen Gedanken in ihm auslösten.

Bei der „Unterscheidung der Geister“ geht es um das Wahrnehmen innerer Stimmungen, um die Atmosphäre, in der unsere Seele atmet. Dies alles wird wesentlich von dem geprägt, wofür wir uns interessieren, womit wir uns beschäftigen und wie sich Tätigkeiten auf unser Seelenleben auswirken. Ebenso können manche Menschen bestimmte Stimmungen in uns auslösen. Wir spüren intuitiv, ob ein Mensch vorsichtig und ängstlich an eine Sache herangeht oder mutig und vertrauensvoll. Sehr oft nehmen wir die Stimmung, die von einem Menschen ausgeht, viel schneller wahr als Worte, die er spricht. Durch schnelles und teilweise hektisches Reagieren-Wollen übersehen wir diese Wahrnehmung.

Während wir uns auf die Begegnung mit Monika freuen, löst der angekündigte Besuch von Renate eine innere Beklemmung aus. Die Nähe von Albert empfinden wir als bedrückend und wir wissen nicht, worüber wir mit ihm reden sollen. Hören wir die Stimme von Max, erwachen unsere Lebensgeister und wir freuen uns.

Wer authentisch leben will, muss seine Wahrnehmung ernst nehmen. Im Dialog mit dem Leben finde ich mich selbst. Das Leben meldet sich mehr im Empfinden als im Wissen. Informiert sind wir reichlich, doch im Überfluss der Informationen meldet sich das Leben nicht. Im Gegenteil, die Flut an banalen Meldungen erschwert den Zugang zum Lebendigen und zu mir selbst. Eines ist deutlich, die Zahl derer, die durch mehr Information nicht klüger werden, steigt. Zunächst müssen überflüssige Informationen als solche erkannt werden. Vor allem diverse Ratgeber, welche vom Menschen mehr verlangen als er realistisch geben kann, müssen entlarvt werden. Dieses Entlarven ist dann legitim, wenn wir mit Strukturen und Rahmenbedingungen konfrontiert werden, welche auf Menschenwürde vergessen haben. Dieses Vergessen könnte man auch als Menschenblindheit beschreiben. Menschenblindheit ist geprägt von Gedankenlosigkeit, und gedankenlos zu leben ist eine Art von Lebensverachtung. Manche Menschen haben das Gefühl, dass sie etwas verpassen, wenn sie sich nicht ständig informieren. Authentisches Leben bedeutet aber, dass ich nie gleich reagiere. „Ich mach das immer so!" wäre z. B. ein starres Verhalten, welches die Fähigkeit zur Unterscheidung beträchtlich erschweren würde.

Persönliche Erfahrungen kann sich niemand anlesen. Dieser Weg zur Persönlichkeit erfordert Zeit zum Nachspüren, den Mut zur Auseinandersetzung mit vertrauten und neuen Gedanken und führt dadurch zur Fähigkeit, unterscheiden zu können.

Der Irrglaube, man müsse nur wissen, was richtig ist und dies auch ausführen, ist weit verbreitet. Es genügt eben nicht, sich auf einige Regeln zu verlassen. Auch die Anstrengung von guten, ehrlichen, gerecht denkenden Menschen führt nicht zu einer Welt, die allen ein würdevolles Leben ermöglicht. Es ist eben nicht das viele Wissen, welches die Seele sättigt und Menschen liebesfähiger macht. Es ist unser Mitgefühl.

Die „Unterscheidung der Geister" dient auch der Vertiefung unseres Mitgefühls. Mitgefühl ist wie Liebe Übungssache. Wir müssen unser Mitgefühl entwickeln und kultivieren. Das bloße Wissen um die Möglichkeit der Liebe reicht nicht aus. Wir müssen uns auch an ihre Verwirklichung machen.

Innere Spurensuche

- Wer oder was belebt mich?
- Was ermüdet mich relativ schnell?
- Wer oder was ermutigt mich?
- Was lähmt mich?
- Was begeistert mich?
- Was macht mich traurig?
- Was lässt mich hoffen?
- Wer oder was richtet mich auf?
- Wofür bin ich bereit, meine Energie einzusetzen?

Heute lesen Menschen weniger Ritter- oder Heiligengeschichten, heute informieren sich die meisten mithilfe ihres Handys oder anderer Geräte. Wer in Facebook unterwegs ist, wird mit jeder Menge moderner Rittergeschichten konfrontiert. Die Frage lautet, wer bestimmt, ob ich mir jede Nachricht, welche mich erreicht, anschaue? Entscheide ich oder hat mein Handy bereits das Kommando über mich übernommen? Kann ich bei meiner jetzigen Tätigkeit bleiben, obwohl das Signal ertönt, dass eine neue Nachricht auf mich wartet? Umgekehrt wären auch einige Überlegungen anzudenken. Ist es wirklich sinnvoll, jedes Erleben mit anderen zu teilen? Wie wichtig ist es, dass ich mein Essen fotografiere und es an eine ganze Gruppe von Leuten schicke? Wen interessiert tatsächlich, ob ich mich über etwas gefreut oder geärgert habe? Ganz bestimmt sind es weniger Menschen, als gespeicherte Nummern auf dem Handy aufscheinen.

Menschen, welche durch die Brille mit Herz in die Welt schauen, erkennen Fake News oft nicht als solche. Sie trauen anderen keine hässlichen Motive zu und glauben bis zuletzt an die Möglichkeit eines friedlichen Miteinanders. Gründliche und seriöse Nachrichten zu lesen oder zu hören ist wichtig. Zeitschriften und Internetforen, die ständig mit negativen Schlagzeilen Menschen ködern, sollten wir meiden. In den meisten Fällen können wir dem Schicksal anderer nichts entgegensetzen, doch wir setzen unsere Seele zu oft den Negativmeldungen aus aller Welt aus.

Gedanken sind Kräfte und vielfach unterschätzen wir die Kraft unserer Gedanken. Bereits vor mehr als 2000 Jahren erkannte der römische Kaiser Marc Aurel, dass das Glück unseres Lebens von der Beschaffenheit unserer Gedanken abhängt. Deshalb ist es äußerst wichtig, wahrzunehmen und zu unterscheiden, womit ich mich, mein Gehirn und mein Leben füttere.

Immer wieder bereichert mich „Der spielende Mensch“ von Hugo Rahner SJ. Mithilfe dieses Buches lernte ich langsam eine „heiter-vertrauensvolle Hingabe an das Spiel des Lebens, das geheimnisvoll gelenkt wird von der Güte einer spielenden Weisheit.“[47]

Geschichte zur Inspiration

Seit vielen Jahren lasse ich mich am Morgen von Musik und verschiedenen Menschen inspirieren. Ich wähle aus, wem ich „erlaube“, Herz und Hirn zu wärmen und herauszufordern. Das gilt für Musik genauso wie für Literatur. Nicht allen Menschen, die mich in den Tag begleiten, bin ich persönlich begegnet. Ich wähle einige aus, von deren Schriften ich weiß, dass sie mir gut tun. In diesem Sinne kann ich Reinhold Stecher, Dietrich Bonhoeffer, Maria von Wedemeyer, Václav Havel, Marion Dönhoff, Helmut Schmidt, Nelson Mandela und immer öfter Fulbert Steffensky jederzeit um Gesellschaft bitten. Ich fühle mich auch weniger alleine, indem ich in die Welt des geschriebenen Wortes eintauche. Das Wunderbare daran ist: Mir stehen diese Schrittmacher jederzeit zur Verfügung. An mir liegt es, ob ich das Buch aus dem Regal nehme und zu lesen beginne. Für die Bereitschaft, mich inspirieren zu lassen, bin ich dankbar.

Auf diese Weise haben Menschen mein Leben bereichert, die ich persönlich nie kennengelernt habe. Mir war danach, ihnen auf meine Weise zu danken. Im Advent hängt eine Laterne vor meiner Haustüre und je nach Brenndauer der Kerzen leuchtet ein Licht für einen Verstorbenen. Zuerst für meine Mutter und meine Großeltern und dann brennt die nächste Kerze für

47 Hugo Rahner, Die Kirche ist immer jung, Innsbruck 1970, 120.

Viktor E. Frankl und für all jene, mit denen ich in Dankbarkeit verbunden bin.
Bei Fulbert Steffensky fand ich äußerst stimmige Gedanken zu meiner Art von Dankbarkeit: „Die Liebe endet nicht an den Gräbern, auch die Liebe der Toten zu Lebenden endet nicht im Grab. Auch sie sind Fürsprecher bei Gott, sie beten für uns. Wem dieser Gedanke zu fremd ist, könnte ihn wenigstens schön finden."[48]

Innere Spurensuche

- Bin ich mir bewusst, dass ich auch einen „geistigen Hunger" habe?
- Womit nähre ich meine Gedanken?
- Welches Buch habe ich zuletzt gelesen?
- Hat es mich inspiriert?
- Hat es mich zu einem Gespräch mit anderen angeregt?
- Mit welchen Ideen wache ich auf?
- Mit welchen Gedanken schlafe ich ein?

48 Fulbert Steffensky, Orte des Glaubens. Die sieben Werke der Barmherzigkeit, Stuttgart 2017, 52.

Viktor E. Frankl und Ignatius von Loyola als Wegweiser

Wollen wir nicht in der Flut all dieser Reize untergehen, dann müssen wir unterscheiden lernen, was wesentlich ist und was nicht, was Sinn hat und was nicht, was sich verantworten lässt und was nicht.[49]

So müssen wir eine neue Sprache finden, eine neue Symbolik, die uns und dem anderen hilft, jenseits der zerstörten Götzenbilder dem wahren Gott zu begegnen.[50]

Die „Unterscheidung der Geister" ist für mich seit vielen Jahren ein sehr brauchbares Werkzeug für meine private Werkstatt der Lebensfreude. Aufzuspüren, wodurch sich meine Stimmung verändert, und den Grund dafür zu entdecken, ist eine gute Möglichkeit, dem Leben treu zu bleiben. Es ist kein übermäßiges Reflektieren, sondern viel mehr ein Entdecken, wodurch ich die Grundstimmung meiner Lebensfreude verloren habe. Bewusstmachen von Unbewusstem. Welche Begegnung hat mich bestärkt? Kann ich den Grund finden, warum der Anruf vorhin ein unangenehmes Gefühl in mir hinterlassen hat?

49 Viktor E. Frankl, Das Leiden am sinnlosen Leben. Psychotherapie für heute, Freiburg 1995, 30.
50 Imhof, Gott glauben, 39.

Gott und Leben in allem finden

Als ich den Gedanken „Gott in allen Dingen zu finden“ zum ersten Mal hörte, löste er fassungsloses Staunen in mir aus und ich wagte übermütige Gedanken. Wenn ich Gott in allen Dingen finden kann, dann ist er auch bei uns daheim und in meiner Küche. Ich kann dem Göttlichen im Konzertsaal begegnen, beim Schwimmen im See, beim Lesen einer berührenden Biografie, in der Logotherapie und vor allem in der Heiterkeit und im Humor. Überall ist er mir ebenso nahe oder fern wie im Gebet und in der Stille. Für mich war dies ein Aha-Erlebnis: Ich habe das doch immer gewusst, aber durch Ignatius von Loyola wurde es mir bewusst. Einige Zeit später erklärte mir jemand, dass dies mit Mystik zu tun habe, mit dem Empfinden, dass ich innerlich mit dem „großen Geheimnis“ (David Steindl-Rast) verbunden bin. Mit dieser Erkenntnis wurde mir allmählich bewusst, wie sehr ich in meinen Vorstellungen von Gott gefangen war.

„Ich habe noch nie jemanden kennengelernt, der sich bewusst dafür entschieden hätte, in Gefangenschaft zu leben. Doch habe ich immer wieder erlebt, wie bereitwillig wir unsere spirituelle und mentale Freiheit abgeben, wenn wir beschließen, einem anderen Menschen oder einer Institution die Verantwortung zu übertragen, unser Leben zu lenken, für uns zu entscheiden.“[51] Edith Eva Eger schreibt dies in ihrer lesenswerten Autobiografie. Im Kapitel „Der Tanz der Freiheit“ erzählt sie von ihrer Begegnung mit Viktor E. Frankl,

---

51 Edith Eva Eger, Ich bin hier und alles ist jetzt. Warum wir uns jederzeit für die Freiheit entscheiden können, München 2017, 422.

„der mir erlaubte, mich nicht mehr zu verstecken, der mir half, Worte für meine Erlebnisse zu finden."[52] Was Frau Eger schreibt, empfinde ich in Bezug auf meine Einstellung zum Leben sehr ähnlich, auch wenn ich in keiner Weise so traumatische Erfahrungen durchmachen musste wie diese außergewöhnliche Frau. Durch die Logotherapie entdeckte ich die Freiheit des Geistes und die damit verbundene Verantwortung. Freiheit ist ja nicht gleichbedeutend mit Willkür und einer Absage an jede Form von Verbindlichkeit. Es gibt Menschen, die meinen, Freiheit bedeutet, immer und überall das zu sagen und zu tun, was einem gerade einfällt und beliebt. Freiheit in ihrem eigentlichen Sinn bedeutet mehr, als ohne Rücksicht zu tun, was ich gerade mag. Freiheit ist nicht das Ablehnen von Verpflichtungen, sondern die Fähigkeit, Verantwortung zu übernehmen und in der Verbindlichkeit zu entdecken, wie Beziehung wachsen und gelingen kann. Ein gelingendes Leben liegt nicht in der Freiheit allein, sondern in der persönlichen Entscheidung Verantwortung zu übernehmen. In diesem Sinne war und sind Logotherapie und ignatianische Spiritualität für mich eine Hilfe auf meinem persönlichen Weg in die Freiheit.

Mit seiner bilderreichen Sprache und seinem Humor trug auch Bischof Reinhold Stecher zu meiner seelischen Befreiung bei. „Die Frömmigkeit darf den Hausverstand nie ins Ausgedinge schicken, und auch in langwährenden Traditionen kann Irriges stecken."[53] Es dauerte einige Jahre, bis ich lernte, nicht alles ernst zu nehmen, und auch mein Obrigkeitsdenken wurde brüchig. Dabei half mir der Gedanke, den

52 Ebd., 407.

53 Reinhold Stecher, Mit gläubigem Herzen und wachem Geist. Begegnungen mit Land und Leuten, Innsbruck 2014, 108.

Reinhold Stecher einem seiner Lehrer verdankte: „Merken Sie sich – haben Sie nie zu viel Respekt vor dem, was Menschen geschrieben haben ...“[54]

Bereits beim Kuchenbacken beginnt das Wenn-dann-Programm brüchig zu werden. Viele Male backt man einen bestimmten Kuchen genau nach Rezept und doch hängt das Gelingen nicht vom Rezept ab. Wer sich zu sehr an bestimmte Vorstellungen klammert und sicher sein will, dass das Leben so wird wie geplant, muss vieles vermeiden. Wer nur die Sonnenseiten des Lebens gelten lässt, wird irgendwann an einem seelischen Sonnenbrand leiden. Dieser kann ebenso schmerzlich empfunden werden wie die Haut, die wie Feuer brennt. Suchen wir das Leben nur in den hellen Tagen, dann würde uns dieses ebenso schnell überdrüssig werden wie ständig blauer Himmel und sommerliche Temperaturen.

Wir sollten uns bewusstmachen, dass wir nicht imstande sind, Missgeschicke oder Enttäuschungen zu vermeiden, und vor allem, dass ein Unglück keine Strafe ist. Der antiquierte Glaube, dass Schicksalsschläge die Rechnung für ein „falsch“ gelebtes Leben sind, hat fatale Auswirkungen. Ebenso wenig gibt es eine Garantie für Glück, wenn Menschen nach den Geboten leben, welche die Kirchen vorgeben oder nach den Richtlinien diverser Ratgeber. In der Lebensplanung gestoppt zu werden, hat schon vielen Menschen eine andere Sicht auf die Welt ermöglicht. Grenzerfahrungen können eine Einladung zum tieferen Nachdenken sein.

In unserer Gesellschaft meinen viele Menschen, dass sie durch Leistung und das Befolgen von bestimmten Regeln das Paradies auf Erden erreichen. Heilsversprechen nähren die

54 Ebd., 108.

Bereitschaft, starre Grundsätze zu befolgen. Wenn Orthodoxie das Wichtigste in einem Glaubensleben ist, ist das für Vertrauen und Lebendigkeit sehr hemmend. Da ist mehr Aberglaube als echter Glaube im Spiel. Aberglaube ist der Glaube, sich durch bestimmte Leistungen Sicherheit erkaufen zu können. Man muss sich seinen Platz verdienen, nur dann gehört man bei striktem Einhalten der Regeln zu den Auserwählten. Jene, die dies nicht schaffen, werden in vielen Fällen nicht nur abgewertet, sondern ausgeschlossen. So entstehen Fundamentalismen und in der Folge häufig der fanatische Wille zum bedingungslos Guten. Menschen befolgen einen Rahmen, in den sie sich pressen lassen, weil sie nach einem einfachen Weg zum Glück oder zur Geborgenheit suchen. Schließlich will man für das Einhalten von aufgezwungenen Regeln belohnt werden. Rigide Vorschriften im religiösen Umfeld sind immer zwiespältig, denn religiöses Erleben ist weder messbar noch vergleichbar. Manchmal können bestimmte Anregungen Trost vermitteln und manchmal dienen sie der Verdummung. „Der Mensch hat entweder einen Glauben oder einen Aberglauben. Und je weniger vom Geist die Rede ist, umso mehr wird von Geistern gesprochen."[55]

Jürgen Habermas hat die Formulierung „religiös unmusikalisch" kreiert und sie mag wohl für viele Menschen zutreffen, die dem „Etwasismus" einiges abgewinnen können, aber mit der Kirche nichts anfangen können. Vielleicht hat das mit der Sehnsucht nach einer lebendigen Gottesbeziehung zu tun. Wer das Geschenk „Leben" erfassen möchte, dem wird der Einstieg in die Tiefe und in die Besinnung nicht erspart bleiben. Wir brauchen dringend Entwürfe für sinnvolle Lebenssti-

55 Frankl, Der leidende Mensch, 80.

le. Wege zum Sinnvollen gibt es reichlich. Die Möglichkeiten heißen: Offenheit für das Geheimnisvolle und Befreiung von den Fesseln der Machbarkeit. Wir sollten einander viel mehr von dem erzählen, was uns freut, beschwingt und ermutigt. Jeder Mensch hatte und hat einen Traum von seinem Leben, der ihn inspiriert und motiviert. Wir sollten uns gegenseitig an unsere Träume vom Leben erinnern. „Wir sind nicht dazu geschaffen, in einsamer Meisterschaft mit uns selbst fertig zu werden.“[56] Es reicht nicht, sich allein auf die eigenen Fähigkeiten zu verlassen, wir sind auf andere Menschen angewiesen und wir brauchen den Segen der guten Mächte.

Manchen Menschen ist es gegeben, das Leben und Gott auf eine tiefe Weise kennenzulernen. Einiges in unserem Leben fügt sich wie von selbst, ohne viel beizutragen. Da beschleicht manche Menschen das Gefühl, ohne es nachweisen zu können, dass Gott in die Welt eingreift. Das Zusammenfallen zweier Ereignisse, die sich ergänzen aber nicht geplant waren, betrachten einige als Geschenk, als ein Geführtsein.

Das eigene Leben als Geschenk zu betrachten ist eine gute Idee. Wer das Leben als Kampf empfindet, der kämpft und will meistens auch siegen. Begegnen sich Beschenkte und Kämpfer, gibt es große Unterschiede in ihrer jeweiligen Sicht auf das Leben. Auf die Frage „Wer hat dir das Leben geschenkt?“ antworten viele, es sei doch klar, die Eltern hätten uns das Leben geschenkt. Vielleicht denken auch „religiös unmusikalische“ Menschen ein wenig weiter. Vielleicht entdecken sie, dass auch Eltern „Leben nicht schenken“ können. Auf welche Weise sich Samenzelle und Ei verbinden mögen, letztlich bestimmt nicht der Mensch, ob neues Leben entsteht. Für viele

56 Fulbert Steffensky, Der Schatz im Acker. Gespräche mit der Bibel, Stuttgart 2011, 157.

ist es ein Geschenk Gottes und andere würden sagen, das Leben selbst schenkt uns das Leben. Für ein Geschenk ist keine Leistung erforderlich, sonst wäre es ja ein Tauschgeschäft. Ein Geschenk anzunehmen hat viel mit Lebenskunst zu tun. Neue Lebensräume könnten dort entstehen, wo wir aufhören zu kämpfen. Wir sollten nicht um etwas kämpfen, das als Geschenk gemeint war. Leben kann sich niemand verdienen. Was wir verdienen müssen, ist unser Lebensunterhalt.

Noch immer begegnen mir Menschen, die auf der Suche nach einem „lieben Gott" verzweifeln. Sie sind im Kinderglauben des Wenn-dann hängen geblieben und sie fragen: Wie kann Gott zulassen, dass es so viel Leid gibt? Diese Frage habe ich mir nie gestellt. Viel mehr bin ich davon überzeugt, geliebt zu sein und von dem, der mich liebt, habe ich nichts zu befürchten. In einem Gespräch zwischen Viktor E. Frankl und Pinchas Lapide fand ich für meine Beziehung zu Gott viel Zuspruch.

„Denn Gott, der gütige Großvater mit dem langen weißen Bart, ist in Auschwitz sicher gestorben. Gott, der alte Buchhalter, der tagtäglich die guten und die bösen Taten eines Menschen verrechnet, ist in Auschwitz verbrannt worden. Der Schlachtengott, der immer mit den stärkeren Bataillonen marschiert, liegt in der derselben Familiengruft begraben wie der Gott der ewigen Rechthaber und der Besserwisser. Ich glaube, Auschwitz hat uns zu einer Gesundschrumpfung unserer Gottesbilder verholfen.

Gott ist tot, sagte einst Nietzsche. Wenn er dabei die teils kindlichen, teil kindischen Gottesvorstellungen vom himmlischen Lückenbüßer, Gebetserfüller und Erfolgslieferanten gemeint hat, so hat er völlig Recht. Mehr noch! Wir schulden den Religionskritikern Dank, denn sie haben uns von viel verkapptem Götzendienst befreit und uns gezwungen, uns zu einer reiferen, höheren Gottesvorstellung durchzuringen. Kurzum: Wenn dein Gott beschrieben, definiert, erörtert oder festgeschrieben werden kann, dann ist er nur ein Gott-Ersatz. Gott als Lückenbüßer zu missbrauchen für die Unmenschlichkeit der Zweifüßler an ihren Artgenossen, ist nach meiner Meinung krasse Blasphemie."[57]

57 Viktor E. Frankl/Pinchas Lapide, Gottsuche und Sinnfrage, Gütersloh 2005, 76.

Worauf schaue ich zurück und was gilt es zu beleben?

Schon sehr früh haben mich Gedanken und Texte anderer Menschen inspiriert und ich fühlte mich verstanden, obwohl ich sie nie kennengelernt hatte. Wagt man den Blick zurück, ist nicht nur heitere Gelassenheit, sondern auch eine realistische Sichtweise gefragt, die bedenkt, dass die Bedingungen vor dreißig Jahren anders waren als heute. Nicht besser, nicht schlechter, einfach anders. Der technische Fortschritt und der Wohlstand birgt eine Gefahr, weil er still und leise gute Dinge in Selbstverständlichkeiten verwandelt. Bewusst hinzuschauen, was nicht selbstverständlich ist und wofür ich dankbar sein kann, öffnet das Fenster zum Herzen.

Ich empfinde es als Geschenk, dass mich jene Dinge begeistern, welche die Seele des Menschen betreffen. Das nicht Sichtbare aber Spürbare, das nicht Beweisbare aber Lebendige liegt mir am Herzen.

Mir hat das Leben Fragen gestellt, die ich aufgrund meiner Begeisterung und meinem Durchhaltevermögen beantworten konnte. Ob etwas gelungen oder misslungen ist, hängt von vielem ab. Mir war immer bewusst, dass es neben meinen Fähigkeiten den Segen der guten Mächte braucht. Die französische Philosophin Simone Weil betrachtete ihr Leben als eine Suche nach dem Absoluten und sie meinte, dass die Entwurzelung bei weitem die gefährlichste Krankheit der menschlichen Gesellschaft sei. Demgegenüber ist die Verwurzelung vielleicht das wichtigste und meistverkannte Bedürfnis der menschlichen Seele.

Neben den Wurzeln in der Familie konnte ich mich bei Viktor E. Frankl und Ignatius von Loyola immer wieder neu orientieren. Entscheidungen, die ich im Laufe der Zeit getroffen habe, sind keineswegs so ausgegangen, wie von mir geplant. Trotzdem blicke ich versöhnt auf manches zurück, das ich heute als Dummheit bezeichnen würde. Mit dieser „Dummheit" meine ich eine Mischung aus Naivität, Leichtgläubigkeit und intensivem Bemühen ohne Realitätsbewusstsein. In schwierigen Lebenslagen war das Dennoch und Trotzdem gefragt und mein Vertrauen ins Leben selbst. Für diese Widerstandskraft bin ich sehr dankbar. Dass aus dieser Kraft auch andere Trost finden, tut gut. In diesem Sinne freut mich der Brief, den mir meine Mutter geschrieben hat: „Danke für deine Gabe, auch in fast aussichtslosen Stunden immer noch ein ermunterndes Wort zu finden."

Dankbarkeit verwandelt sich bei mir wie von selbst in kreative Einfälle. Überhaupt war und ist es die Dankbarkeit, die mich belebt und die in mir die Neugier und das Interesse an der Welt aufrecht hält. Beleben möchte ich die Absichtslosigkeit in meinem Tun, das Eintauchen in eine gute Sache oder das Geben ohne sofort zu denken, was bekomme ich dafür. Ich bin überzeugt, dass es viele Menschen gibt, die gerne geben, für andere da sind, ohne an den eigenen Vorteil zu denken. Giovanni Maio hat dies wunderbar beschrieben: „Die Gabe der Zuwendung verfolgt keine Interessen, sondern sie stellt sich schlichtweg ein, sie taucht als Insel des Gebens auf dem Meer der Interessensverfolgung auf, sie verfolgt nicht eine Absicht, sondern sie ist Ausdruck eines Bedürfnisses, Ausdruck einer Grundmotivation, Ausdruck einer Lebensphilosophie."[58]

58 Giovanni Maio, Ethik der Gabe. Humane Medizin zwischen Leistungserbringung und Sorge um den Anderen, Freiburg 2014, 9.

Geschichte zur Inspiration

Von Clemens Sedmak, einem wunderbaren Menschen, der trotz großem Wissen seinen Humor und seine Bescheidenheit nicht verloren hat, habe ich sehr viel gelesen. Seine besondere Art philosophisch zu denken, inspiriert mich immer wieder aufs Neue. In seinem Buch „Das Gute leben" regt er an: „Es lohnt sich, an einer ‚Gebrauchsanweisung für mich selbst' zu arbeiten; es lohnt sich dann auch, einer solchen ‚Gebrauchsanweisung' im Umgang mit sich selbst zu folgen; wenn ich weiß, dass ich morgens am besten arbeiten kann, werde ich mein Leben danach ausrichten; wenn ich weiß, dass ich an einem Tag immer wieder Momente für mich alleine brauche, werde ich dies zu berücksichtigen versuchen."[59]

Innere Spurensuche

- Was sollte in meiner Gebrauchsanweisung drinstehen?
- Womit bin ich verwurzelt?
- Wann tragen meine Wurzeln „Früchte"?
- Wann brauchen meine Wurzeln einen „Winterschlaf"?

59 Clemens Sedmak, Das Gute leben. Von der Freundschaft mit sich selbst, Innsbruck 2015, 118.

Viktor E. Frankl und Ignatius von Loyola als Wegweiser

Wir haben die Chance, uns selbst zu besinnen. Zur Zeit der Überflussgesellschaft hatten die meisten Leute genug, wovon sie leben konnten. Aber viele Menschen wussten von nichts, wofür sie hätten leben können.[60]

Das Maß des rechten Dienens besteht nicht darin, immer mehr und noch mehr zu ‚dienen', sondern die Qualität des Dienstes wird dadurch bestimmt, inwieweit das Dienen den anderen befreit.[61]

---

60 Frankl, Das Leiden am sinnlosen Leben, 33.
61 Imhof, Gott glauben, 171.

Am Ende bleibt Beziehung

Am Ende bleibt Beziehung
und Dankbarkeit
vom Geist getragen zu sein
der durch Jahrhunderte seine Gültigkeit nicht verloren hat.
Am Ende bleibt Beziehung
die einer magischen Verbindung gleicht und
mich mit Menschen und einer Zeit verbindet
die mich heute bewusst und dankbar leben lässt.
Begegnungen mit Menschen bereichern das Leben
und ihre Lebensgeschichten erzählen von Höhen und Tiefen
von Freude und Trauer, von Liebe und Hoffnung.
Am Ende bleibt Beziehung
die das eigene Leben bereichert und vertieft.

„Das Bewusstsein, von einer geistigen Überlieferung, die durch Jahrhunderte reicht, getragen zu sein, gibt einem allen vorübergehenden Bedrängnissen gegenüber das sichere Gefühl der Geborgenheit. Ich glaube, wer sich im Besitze solcher Kraftreserven weiß, braucht sich auch weicherer Gefühle, die meiner Meinung nach doch zu den besseren und edleren der Menschen gehören, nicht zu schämen, wenn die Erinnerung an eine gute und reiche Vergangenheit sie hervorruft. Überwältigen werden sie denjenigen nicht, der an den Werten festhält, die ihm kein Mensch rauben kann."[62]

---

62 Dietrich Bonhoeffer/Maria von Wedemeyer 1943–1945, Brautbriefe Zelle 92, München 2001, 250.

Weitere Bücher von Inge Patsch

Inge Patsch

Die Logik des Herzens

Vertrauen in das Leben gewinnen

Inspiriert von Viktor E. Frankl, dem Begründer der Logotherapie und Existenzanalyse, bietet Inge Patsch mit diesem Buch „Seelennahrung" und „Verstandesfutter". Damit verhilft sie der Logik des Herzens zum Durchbruch, die Hoffnung und Begeisterung kennt, und ermutigt zum Mitfreuen und Mitfühlen ebenso wie zum Widersprechen aus Verantwortung. In diesem Buch beschreibt die Autorin verschiedene Alltagssituationen und zeigt auf, was in unserem Körper geschieht, wenn Verstand und Gefühl miteinander im „Clinch" liegen. Sie gibt Anregungen, wie wir dem Lebenssinn auf die Spur kommen.

120 Seiten
Broschur
ISBN 978-3-8367-0893-7

Inge Patsch

Vertrau auf dein Gefühl und lebe mutig

Wie entscheide ich mich so, dass ich mich wohlfühle – und andere auch? Die wesentlichen Entscheidungen in unserem Leben treffen wir intuitiv. Oft entdecken wir erst im Rückblick, dass uns endloses Abwägen des Für und Wider nicht weiterbringt. Inge Patsch ermutigt uns in kurzen, lebensnahen Impulstexten, auf unseren inneren Kompass zu vertrauen und mutig Lebensentscheidungen zu treffen.

96 Seiten
Broschur
ISBN 978-3-8367-1017-6

Inge Patsch / Sebastian Schmidt

Mehr als glücklich

Den Sinn des Lebens entdecken mit Viktor E. Frankl

Die Sehnsucht des modernen Menschen nach wirkungsvollen Strategien zur Gestaltung eines glücklichen Lebens ist groß. Viktor E. Frankl, der bedeutende Neurologe und Psychiater, hat mit seiner Logotherapie eine verlässliche Orientierung aufgezeigt, wie Leben gelingt – auch angesichts von schmerzlichen Herausforderungen. Frankls Grundgedanken werden hier im Gespräch mit dem Fernsehjournalisten Franz Kreuzer vermittelt, ergänzt mit Erfahrungen aus der modernen Wissenschaft und neu interpretiert für unsere Zeit.

160 Seiten
Broschur
ISBN 978-3-8367-1040-4